漢字

학부모님들의 뜨거운 사랑, 최고의 학습지로 보답하겠습니다!

기탄학습지를 사랑해 주시는 전국의 유·초등학생, 그리고 학부모님 여러분!

그동안 기탄교육은 대한민국 모든 어린이들이 공평한 교육기회를 누릴 수 있도록, 저렴하면서도 최고의 학습효과를 거둘 수 있는 서점용 학습지를 개발·보급하여 왔습니다. 대표 브랜드 기탄수학을 비롯하여 기탄사고력수학, 기탄국어와 급수한자, 스텐퍼드영단어 등 기탄의 학습지들은 자녀교육에 관심이 높은 학부모님들께 꾸준한 인기를 얻었으며, 그 결과 기탄수학이 3년 연속 주요 일간지 학습지부문 히트상품에 선정되기도 했습니다. 또한 외국 교포, 외국에서 근무하는 외교관이나 상사주재원의 자녀, 이민이나 조기유학을 떠나는 학생들에게 기탄학습지는 꼭 챙겨야 하는 중요품목으로 자리잡게 되었습니다.

기탄교육은 이러한 성원에 힘입어 교재에 대한 다양한 요구를 수렴하고, 교육의 시대적 변화에 능동적으로 대처한 신개념 학습지 기탄한글과 기탄영어를 개발하여 전국의 학부모님들로부터 뜨거운 찬사를 받고 있습니다. 특히 세계 최초로 채택한 4 in 1 시스템 제본은 뛰어난 학습 효과는 물론이고, 고객중심의 사고로 우리나라 교육출판 역사에 한 획을 그은 획기적인 발상으로 평가받고 있습니다.

이번에 새로이 선보인 「기탄한자」 역시 어린이들과 학부모님의 기대에 부응하는 최고의 한자학습지라 자부합니다. 최근 한자능력검정시험에 응시하여 자격증을 따는 초등학생의 숫자가 기하급수적으로 증가하는 등 한자교육의 중요성이 높아지고 있습니다. 특히 어릴 때부터 한자를 익히면 중국어·일본어를 습득하는데도 큰 도움이 될 뿐만 아니라 국어의 언어능력이 높아지고 학습효과가 증대된다는 많은 연구보고가 있습니다.

'곡식은 농부의 발자국 소리를 듣고 자란다'는 말처럼 아이들 교육에서도 부모의 관심과 애정이 가장 큰 힘이요, 자양분입니다. 무조건 값비싼 사교육에 우리 아이들을 맡기기보다는 아이들 스스로 공부하는 힘을 길러줄 수 있도록 기초 교육만큼은 부모님께서 직접 챙겨 주십시오.

앞으로도 저희 기탄교육은 항상 연구하고 노력하는 자세로 부모와 자녀가 함께 공부할 수 있는 좋은 교재를 개발하기 위해 모든 노력을 경주하겠습니다.

기탄을 사랑하시는 전국의 모든 학부모님과 어린이 여러분께 진심으로 감사의 말씀을 드립니다.

(주) 기탄교육 임직원 일동

그림으로 익히고 놀이로 기억하는
〈입체 한자 학습프로그램〉

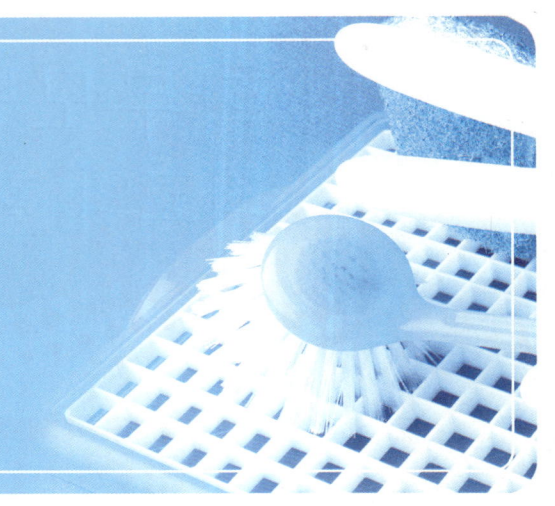

이미지 연상에 의한 그림 한자 학습

한자는 그림에서 출발한 문자입니다. 사물의 모양을 본떠서 점차 상징화된 표의문자(뜻글자)로 발전하여 오늘날 세계에서 가장 많은 수의 인구가 사용하는 문자가 되었습니다. 기탄한자는 아이들에게 한자를 그림의 일부로서 뜻을 기억하게 하고 사물의 모양에서 문자 요소를 각인하도록 하였습니다. 학습지업계 최초로 이미지 연상을 통한 그림 한자를 개발하여 아이들은 한자를 기호가 아닌 그림 덩어리로 받아들여 저절로 기억하게 됩니다.

자원변화 과정의 이해를 통한 원리 이해 학습

기탄한자는 무조건 쓰고 외우는 방식이 아니라 자원변화 과정의 이해를 통한 제자 원리를 이해하도록 합니다. 갑골문 – 금문 – 설문해자의 한자 변천 과정을 아이들의 눈으로 접해 보며 원리 이해에 의한 한자 학습을 진행합니다. 문자학계의 정설을 엄선하여 학문적으로 여러 번의 감수와 고증을 거친 한자 학습의 표본이 될 수 있는 한자 학습프로그램입니다.

학습 효과를 극대화하는 체계적인 학습 전개 방식

한 주의 학습 전개 방식은
복습 ➡ 도입 ➡ 전개 ➡ 활용 ➡ 정리 ➡ 상식 ➡ 놀이
학습의 순서로 전개됩니다.

복습 한 주 학습의 시작은 항상 지난 주에 학습했던 한자의 복습으로 출발합니다.

도입 재미있는 창작 동화를 통해 이번 주에 익힐 한자의 개념을 접하고 스티커 활동을 통해 흥미를 불러일으킵니다.

전개 각각 한자의 뜻과 소리와 모양 그리고 필순, 부수, 한자어 등을 익히게 됩니다.

활용 학습한 한자를 다양한 놀이 방법을 통하여 자연스럽게 좌뇌와 우뇌를 개발하는 이미지 학습법으로 한자 실력을 다져 나갑니다.

정리 앞서 익힌 3요소, 필순, 부수 등 한자의 가장 필수적인 내용을 마무리합니다.

상식 한자와 관련된 상식, 고사, 유래, 일화 등 여러 가지 흥미로운 이야기들을 엄마와 아이가 함께 읽어 나가면서 학습에 진정한 재미를 느낄 수 있습니다.

놀이 오리기, 접기, 만들기, 퍼즐 맞추기, 그림 그리기, 만화 등 아이의 오감을 이용할 수 있는 놀이 활동으로 한 주 학습을 마무리합니다.

아이들은 한자박사로, 엄마는 진정한 선생님으로 만들어 드립니다

아동의 좌우뇌 발달을 돕는 한자 학습

대뇌를 연구하는 학자들에 의하면 6세 이전에는 우뇌가 주로 발달하고 그 이후에는 좌뇌 발달이 이루어진다고 합니다. 우뇌는 이미지, 직관, 예술 등의 기능을 담당하고 좌뇌는 분석적, 논리적, 언어적인 역할을 담당합니다. 기탄한자만의 자랑인 그림 한자, 도트 연결 한자, 숨은 한자, 직관 한자 등 이미지 요소 학습을 통해 직관력과 통찰력을 키워 아이의 우뇌를 자극해 줍니다. 또, 뜻, 소리, 모양 분리하기, 규칙성 알기, 모눈한자 따라가기, 모양 추리하기, 한글·한자병기 학습은 아이의 좌뇌를 개발시켜 줍니다. 10세 미만의 아이라면 바로 기탄한자로 아이의 두뇌개발을 도와 주세요.

하나의 한자를 37회 연습하는 완전학습 프로그램

예를 들어 山(산/뫼 산)이라는 하나의 한자를 기탄한자 프로그램 내에서 총 37회의 학습 기회를 갖게 했습니다. 복습, 도입, 전개, 활용, 응용 등 다양한 학습의 장을 마련하여 아이들은 자신도 모르는 사이에 한자를 접하고 익히게 됩니다. 37회의 학습 기회는 한자를 완전학습으로 이끌어 주는 지름길이 됩니다.

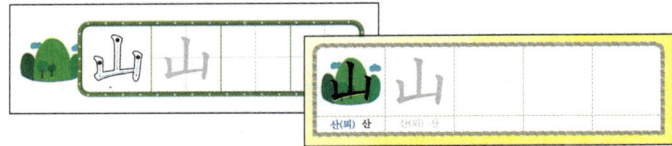

다양한 놀잇감을 통한 입체적 놀이학습

기존의 주입식, 쓰기 일변도의 한자 학습법에서 벗어나 아이들의 오감을 자극하고 아이들이 학습의 주인공이 되는 부교재와 함께 학습합니다. 각 집(권)마다 한자 카드, 스티커는 물론, 한자어 카드와 모형놀이, 창열기 놀이, 파노라마 놀이, 조각 한자 맞추기 놀이, 병풍 놀이, 브로마이드 등 패키지 학습물 수준의 놀잇감이 아이들의 학습을 재미로 이끌어 줍니다.

독립적인 복습호 운용과 학습 성취도 평가 시스템

4주마다 한 번씩 복습주를 편성하여 앞서 익힌 한자들을 기억하도록 구성하였습니다. 이미 학습한 한자를 시간의 흐름과 함께 잊어버리지 않도록 각 집(권)마다 1호씩 총복습의 기회를 갖게 합니다. 또, 복습호에서는 일정 기간 동안의 학습 성취도를 점검하는 형성평가를 구성하여 올바른 진도 진행을 도왔습니다. 엄마는 집(권)별 형성평가와 각 단계별 총괄평가를 통하여 우리 아이의 학습 상황을 점검하고 적절한 동기유발과 칭찬으로 진정한 엄마 선생님이 될 수 있습니다.

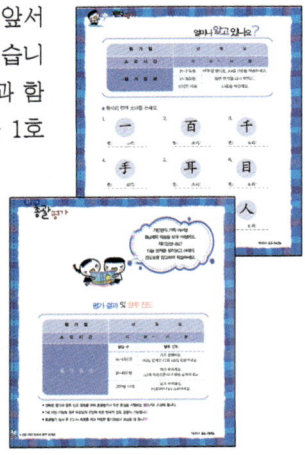

〈형성평가와 총괄평가〉

어렸을 때 배운 한자는 평생을 통해 활용됩니다
한자 학습의 중요성이 날로 높아지고 있습니다

● **한자 학습은 왜 필요할까요?**

한자 학습은 이제 선택이 아닌 필수가 되었습니다. 우리의 언어 생활에 반드시 필요한 영역이라는 인식과 함께 한자가 지닌 학문적 전이성, 시대적 필요성 등이 재해석 되고 있기 때문입니다.

첫째, 우리말의 70% 이상이 한자어로 이루어졌기 때문에 기본적인 언어 생활에 도움을 줍니다. 곧 우리말을 바르게 이해하고 올바른 국어 생활을 하기 위해서는 한자를 아는 것이 필수적입니다.

둘째, 국어, 수학, 사회, 역사, 외국어 등 다른 학과 공부에 많은 도움을 줍니다. 예를 들어 수학을 공부할 때 분자(分子), 분모(分母), 분수(分數) 등 한자를 알고 있는 아이라면 수학의 개념도 훨씬 더 쉽고 정확하게 이해할 수 있습니다. 이렇게 한자는 타과목의 도구 교과적인 성격을 갖고 있습니다.

셋째, 어휘력과 이해력의 신장으로 문장 의미 파악이 쉬워져 책을 가까이 하는 아이로 만들어 줍니다. 한자는 조어력(造語力)과 의미 함축성이 매우 뛰어난 문자입니다. 이러한 이유로 전문서적이나 학술 용어 등은 한자로 표현되어 있습니다. 많은 양의 독서 경험은 곧 아이의 생각하는 힘과 창의력을 길러 줍니다.

넷째, 한자나 한문에는 선인들의 지혜와 윤리관이 배어 있어 바람직한 가치관과 예의범절을 배울 수 있습니다. 고전, 명문 속에 담긴 효행, 우애, 경로 등 사상적인 유산을 통해 바람직한 가치관을 가질 수 있고 나아가 사람이 해야 할 도리, 어른을 공경하는 자세, 학문을 배우는 자세 등도 익힐 수 있습니다.

● **한자 학습의 추세는 어떤가요?**

한자 사용을 사대주의적 발상, 중국의 문자 차용이라고 보는 종전의 시각에서 벗어나 이제는 우리 언어의 일부라는 인식이 확대되어 초등학생부터 성인까지 한자 학습 열풍이 불고 있습니다.

첫째, 한자능력검정시험의 자격증이 국가 공인 자격증으로 인정됨에 따라 유아~성인에 이르기까지 한자 학습 붐이 일고 있습니다.

둘째, 21세기의 주역으로 한자 문화권이 급부상함에 따라 중국어, 일본어의 기초로서 한자 학습의 열기가 높아지고 있습니다. 한자는 세계인구의 1/4이 사용하고 있는 국제 문자로서 앞으로 그 중요성은 날로 높아질 것입니다.

셋째, 2005년부터 대학 수학 능력 시험 외국어 영역에 한문 과목이 추가되고 중·고등학교의 시험 출제 유형에서 논술 유형 출제 비중이 높아짐에 따라 한자 학습의 조기 교육이 일반화되어 가고 있는 상황입니다.

넷째, 대부분의 초등학교에서 재량시간으로 한자 학습을 시행하고 있습니다. 70년대 이후 한자 교육을 전혀 받지 못했던 부모님들과는 달리 현재 대부분의 초등학생들이 한자를 배우고 있습니다.

다섯째, 각종 공문서, 도로 표지판 등에 한자를 병기하는 국가 정책과 경제계, 교육계 등 각계의 한자 학습 요구에 대한 발표로 한자 학습의 중요성은 더욱 높아지고 있는 상황입니다.

한자 학습은 아이의 두뇌를 개발해 줍니다
한자 학습의 체계! 기탄한자가 잡아 줍니다

● 한자 학습의 효과는 무엇인가요?

▶ 한자는 그림에서 시작된 문자로서 구체적 이미지 자체가 곧 문자가 되었습니다. 이러한 시각적 이미지를 통한 학습은 곧 아동의 우뇌를 자극해 줍니다.

▶ 한자는 하나의 기초 개념에서 새로운 개념을 창출해 나갑니다. 이러한 과정을 통하여 아동의 창의력, 어휘력을 길러 줍니다.

▶ 한자는 저마다의 뜻, 소리, 모양을 각기 지닌 문자입니다. 이렇게 저마다의 뜻과 소리, 모양을 분석하는 연습을 통해 아동의 좌뇌 발달을 돕습니다.

▶ 한자는 부수와 몸이라는 수많은 부속품들의 조합으로 이루어진 문자입니다. 이러한 부속품들의 분리와 합체 과정을 통해 아이의 좌뇌를 발달하게 하고 논리력, 분석력을 키워 줍니다.

▶ 한자가 갖는 문자학적 특징은 조어력, 의미 함축성, 의미 명시성이 있습니다. 이미 만들어진 한자와 한자를 결합하여 새로운 단어를 만드는 조어력, 의미를 함축적으로 표현할 수 있는 의미 함축성, 의미가 바로 드러나는 의미 명시성이 있습니다.

한자 학습의 연구가 활발히 이루어지는 일본에서는 한자 학습의 시기가 빠를수록 좋다고 합니다. 그것은 우뇌 발달 시기인 6세 이전에 표의문자를 더 쉽게 받아들일 수 있으며, 초등학교 1학년 때가 가장 높은 효과를 보인다는 주장입니다. 그러므로 어른들의 관점으로 한자가 유아들에게 어렵다는 편견은 버려야 하며 한글을 어느 정도 읽을 수 있는 시기라면 한자 학습의 적기라고 할 수 있습니다.

● 기탄한자는 어떻게 구성되었나요?

▶ 기탄한자는 그림과 놀이로 시작하는 기초 한자 과정에서부터 고전명저의 명문장까지 한자 학습의 체계를 세우는 프로그램입니다. 중학교 교육용 한자 900자의 범위에서 기초한자(낱자)과정 ➡ 조어(교과서 한자어)과정 ➡ 문장(고전)과정의 학습까지 한자 학습의 체계를 세우는 학습목표로 개발되었습니다.

▶ 기초한자(낱자)과정(A단계~D단계)에서는 한자를 처음 시작하는 유아에서 한자 학습의 경험이 없는 초등학교 2학년생을 대상으로 상형자, 지사자 등 쉬운 개념의 기초한자 168자를 익히게 됩니다.
시각 이미지를 통한 그림한자의 각인과 다양한 부교재를 통한 놀이 학습으로 재미있게 학습하는 특성을 지니고 있습니다. 또, 최고의 일러스트와 세련된 디자인으로 아동의 정서적 심미감을 기를 수 있는 프로그램입니다. 기존의 한자 교재와는 차별화된 학습 효과를 얻을 수 있습니다.

▶ 조어(교과서 한자어)과정(E단계~G단계)에서는 총 90여권의 초등학교 교과서에 쓰인 모든 한자어를 사용 빈도와 한자 난이도에 따라 분석한 방대한 양의 데이터베이스를 갖추어 156자의 학습 한자와 530여 한자어를 선정하였습니다.

신출 한자와 이미 학습한 기출 한자를 조합하여 새로운 어휘를 만들어 내는 무궁무진한 조어(造語)의 원리를 아이가 스스로 깨달아 이해력과 어휘력이 높은 아이로 자라나게 해줍니다. 또 단편적인 한자 암기 학습에서 벗어나 국어, 수학, 사회, 과학 영역의 다양한 예문 학습과 창작 동화, 인물, 시, 신문, 고전이야기 등의 학습으로 학교 수업에 자신감을 길러 주고 나아가 어휘력, 사고력 향상으로 논술의 기초 능력까지 배양해 줍니다.

구성내용

A·B단계 교재별 구성내용은 이렇습니다

◆ 기탄한자 **A단계** 호별 학습 내용 및 부교재

집	호		학습 한자	학습 한자어	부교재
1집	1	1a ~ 12a	山, 川, 日	강산, 등산/ 하천, 산천/ 일기, 일월	한자 모형 놀이 한자 카드 한자어 카드
	2	13a ~ 24a	月, 火, 水	반월, 월급/ 火산, 火재/ 水영장, 水요일	
	3	25a ~ 36a	木, 金, 土	木수, 식木일/ 金구, 황金/ 국土, 土지	
	4	37a ~ 48a	복습+놀이 학습	복습	
2집	5	49a ~ 60a	一, 二, 三	一등, 통一/ 二층, 二학년/ 三각형, 三총사	한자 창열기 놀이 한자 카드 한자어 카드
	6	61a ~ 72a	四, 五, 六	四방, 四계절/ 五선지, 五월/ 六학년, 六반	
	7	73a ~ 84a	七, 八, 九	북두七성, 七면조/ 八도강산, 八방미인/ 九관조, 九구단	
	8	85a ~ 96a	복습+놀이 학습	복습	
3집	9	97a ~ 108a	十, 百, 千	十자가, 十월/ 百점, 百화점/ 千자문, 千리마	한자 파노라마 놀이 한자 카드 한자어 카드
	10	109a ~ 120a	耳, 目, 口	耳목, 耳비인후과/ 제目, 면目/ 식口, 출입口	
	11	121a ~ 132a	人, 手, 足	人간, 人형/ 手술, 선手/ 足구, 수足	
	12	133a ~ 144a	복습+놀이 학습	복습	
4집	13	145a ~ 156a	田, 石, 玉	유田, 대田/ 石공, 石굴암/ 백玉, 玉동자	한자 브로마이드 한자 카드
	14	157a ~ 168a	力, 大, 小	인力거, 풍力/ 大학생, 大가족/ 小아과, 小인국	
	15	169a ~ 180a	上, 中, 下	上의, 上행선/ 中국, 中심/ 下교, 下인	
	16	181a ~ 192a	복습+총괄 평가+놀이 학습	복습	

◆ 기탄한자 **B단계** 호별 학습 내용 및 부교재

집	호		학습 한자	학습 한자어	부교재
1집	1	1a ~ 12a	犬, 牛, 羊	충犬, 애犬/ 牛유, 牛마차/ 羊모, 백羊	한자 모형 놀이 한자 카드 한자어 카드
	2	13a ~ 24a	父, 母, 子	父모, 父자/ 母녀, 학부母/ 子녀, 여子	
	3	25a ~ 36a	生, 心, 身	生일, 선生/ 心신, 안心/ 身체, 身장	
	4	37a ~ 48a	복습+놀이 학습	복습	
2집	5	49a ~ 60a	車, 士, 己	車도, 자전車/ 군士, 박士/ 자己, 극己	한자 창열기 놀이 한자 카드 한자어 카드
	6	61a ~ 72a	自, 工, 門	自동차, 自연/ 목工, 工장/ 대門, 창門	
	7	73a ~ 84a	刀, 王, 白	단刀, 은장刀/ 王자, 국王/ 白지, 흑白	
	8	85a ~ 96a	복습+놀이 학습	복습	
3집	9	97a ~ 108a	魚, 貝, 鳥	인魚, 魚항/ 貝물, 貝총/ 백鳥, 길鳥	한자 파노라마 놀이 한자 카드 한자어 카드
	10	109a ~ 120a	主, 册, 雨	主인, 主객/ 册상, 공册/ 雨산, 雨의	
	11	121a ~ 132a	風, 里, 竹	風차, 강風/ 里장, 里정표/ 竹림, 竹도	
	12	133a ~ 144a	복습+놀이 학습	복습	
4집	13	145a ~ 156a	草, 花, 馬	약草, 草가/ 무궁花, 花원/ 경馬장, 馬부	한자 브로마이드 한자 카드
	14	157a ~ 168a	男, 女, 夕	男녀, 미男/ 소女, 선女/ 夕양, 추夕	
	15	169a ~ 180a	舌, 齒, 面	작舌차, 舌음/ 齒과, 충齒/ 가面, 수面	
	16	181a ~ 192a	복습+총괄 평가+놀이 학습	복습	

C·D단계 교재별 구성내용은 이렇습니다

◆ 기탄한자 C단계 호별 학습 내용 및 부교재

집	호		학습 한자	학습 한자어	부교재
1집	1	1a ~ 12a	文, 化, 言, 才	文인, 文신/ 化석, 문化/ 言어, 言론/ 多才, 천才	한자 맞추기 놀이 한자 카드 한자어 카드
	2	13a ~ 24a	兄, 弟, 交, 友	兄제, 학부兄/ 의형弟, 弟자/ 交통, 외交/ 交友, 전友	
	3	25a ~ 36a	多, 少, 血, 肉	多정, 多소/ 少녀, 노少/ 심血, 血육/ 肉식, 肉신	
	4	37a ~ 48a	복습+놀이 학습	복습	
2집	5	49a ~ 60a	出, 入, 內, 外	出구, 出생/ 入구, 출入/ 국內, 차內/ 外국, 內外	한자 병풍 놀이 한자 카드 한자어 카드
	6	61a ~ 72a	去, 來, 立, 坐	去래, 과去/ 來일, 미來/ 자立, 立동/ 정坐	
	7	73a ~ 84a	光, 明, 行, 步	光명, 풍光/ 문明, 明월/ 산行, 行진/ 步병, 步행	
	8	85a ~ 96a	복습+놀이 학습	복습	
3집	9	97a ~ 108a	天, 地, 江, 河	天사, 天국/ 천地, 地구/ 江산, 江촌/ 河천, 은河수	한자 주사위 놀이 한자 카드 한자어 카드
	10	109a ~ 120a	毛, 皮, 角, 蟲	毛피, 양毛/ 목皮, 皮혁/ 녹角, 직角/ 초蟲, 해蟲	
	11	121a ~ 132a	古, 今, 衣, 食	古목, 古서/ 고今, 今일/ 우衣, 하衣/ 외食, 초食	
	12	133a ~ 144a	복습+놀이 학습	복습	
4집	13	145a ~ 156a	君, 臣, 兵, 卒	君주, 君신/ 臣하, 충臣/ 兵사, 兵력/ 卒병, 卒업	한자 브로마이드 한자 카드
	14	157a ~ 168a	方, 向, 左, 右	지方, 方향/ 풍向, 남向/ 左우, 左향左/ 右회전, 左右명	
	15	169a ~ 180a	本, 末, 分, 合	근本, 本인/ 末일, 본末/ 分교, 分수/ 合창, 合심	
	16	181a ~ 192a	복습+총괄 평가+놀이 학습	복습	

◆ 기탄한자 D단계 호별 학습 내용 및 부교재

집	호		학습 한자	학습 한자어	부교재
1집	1	1a ~ 12a	靑, 赤, 音, 色	靑산, 靑년/ 赤색, 赤십자/ 音악, 音색/ 백色, 色지	한자 맞추기 놀이 한자 카드 한자어 카드
	2	13a ~ 24a	住, 所, 姓, 名	의식住, 住택/ 所감, 장所/ 姓명, 백姓/ 名작, 지名	
	3	25a ~ 36a	利, 用, 有, 無	利용, 예利/ 공用, 식用/ 有명, 소有/ 無인도, 無례	
	4	37a ~ 48a	복습+놀이 학습	복습	
2집	5	49a ~ 60a	公, 平, 意, 思	公공, 公무원/ 平화, 平야/ 意견, 동意/ 思고, 思상	한자 병풍 놀이 한자 카드 한자어 카드
	6	61a ~ 72a	老, 弱, 貧, 富	老인, 원老/ 弱세, 노弱/ 貧약, 貧약/ 富귀, 富자	
	7	73a ~ 84a	正, 直, 忠, 孝	正직, 正답/ 直선, 直각/ 忠성, 忠언/ 孝도, 孝녀	
	8	85a ~ 96a	복습+놀이 학습	복습	
3집	9	97a ~ 108a	前, 後, 走, 止	역前, 오前/ 오後, 식後/ 활走로, 경走/ 止혈, 금止	한자 주사위 놀이 한자 카드 한자어 카드
	10	109a ~ 120a	法, 道, 完, 全	法률, 法원/ 道로, 道덕/ 完승, 完성/ 全국, 안全	
	11	121a ~ 132a	善, 惡, 長, 短	善악, 善행/ 惡마, 惡몽/ 長검, 사長/ 장短, 短명	
	12	133a ~ 144a	복습+놀이 학습	복습	
4집	13	145a ~ 156a	世, 界, 國, 家	世계, 출世/ 외界, 정界/ 國왕, 國어/ 家족, 작家	한자 브로마이드 한자 카드
	14	157a ~ 168a	東, 西, 見, 聞	東서남북, 東해/ 西구, 西부/ 발見, 見학/ 신聞, 풍聞	
	15	169a ~ 180a	南, 北, 兒, 童	南극, 南대문/ 北극, 北상/ 유兒, 兒동/ 목童, 童화	
	16	181a ~ 192a	복습+총괄 평가+놀이 학습	복습	

구성내용

E단계 교재별 구성내용은 이렇습니다

◆ 기탄교과서한자 E단계 호별 학습 내용 및 부교재

집	호		학습 한자	학습 한자어		심화 영역		부교재
1집	1	1a~16a	寸京品市	寸: 四寸, 外三寸, 四寸間 品: 食品, 用品, 作品	京: 上京, 京畿道, 京仁線 市: 市內, 市場, 市立	창작동화 고사성어 시	소중한 지폐 한 장 1 水魚之交 사랑스런 추억 - 윤동주	한자 카드 쓰기보따리 형성평가
	2	17a~32a	巨具各曲	巨: 巨人, 巨大, 巨木 各: 各各, 各自, 各國	具: 家具, 道具, 用具 曲: 作曲, 曲線, 行進曲	창작동화 고사성어 시	소중한 지폐 한 장 2 他山之石 봄 - 빅토르 위고	
	3	33a~48a	可由原因	可: 可能, 可決, 不可能 原: 原子力, 原因, 草原	由: 自由, 由來, 理由 因: 原因, 因果, 要因	창작동화 고사성어 시	슬기로운 재판 1 見物生心 절정 - 이육사	
	4	49a~64a	복습	복습		창작동화 고사성어 시	슬기로운 재판 2 漁夫之利 동방의 등불 - 타고르	
2집	5	65a~80a	同求失反	同: 同生, 同行, 合同 失: 失手, 失明, 失言	求: 求心力, 要求, 求人 反: 反面, 反省, 反共	창작동화 고사성어 시	닭이 사람과 함께 살게 된 이유 1 五十步百步 접동새 - 김소월	한자 카드 쓰기보따리 형성평가
	6	81a~96a	告共首民	告: 忠告, 原告, 告白 首: 自首, 首弟子, 首相	共: 共同, 公共, 共生 民: 市民, 國民, 民心	창작동화 고사성어 시	닭이 사람과 함께 살게 된 이유 2 登龍門 눈 내린 아침 - 이인로	
	7	97a~112a	元先年回	元: 元日, 元金, 元來 年: 少年, 靑年, 一年	先: 先生, 先山, 先王 回: 一回用品, 河回, 回轉	창작동화 고사성어 시	쇠를 먹는 쥐 1 馬耳東風 눈 오는 저녁 - 김소월	
	8	113a~128a	복습	복습		창작동화 고사성어 시	쇠를 먹는 쥐 2 白眉 만돌이 - 윤동주	
3집	9	129a~144a	不非未必	不: 不足, 不公平, 不平 未: 未安, 未來, 未完成	非: 非行, 是非, 非常口 必: 必要, 生必品, 不必要	창작동화 고사성어 시	세 친구 1 多多益善 삶이 그대를 속일지라도 - 푸쉬킨	한자 카드 쓰기보따리 형성평가
	10	145a~160a	知加字幸	知: 知人, 知己, 告知 字: 文字, 數字, 十字	加: 加入, 加味, 加工 幸: 多幸, 不幸, 幸福	창작동화 고사성어 시	세 친구 2 聞一知十 집 - 김영랑	
	11	161a~176a	表形味香	表: 表面, 表情, 表明 味: 意味, 風味, 口味	形: 人形, 三角形, 地形 香: 香水, 香氣, 香	창작동화 고사성어 시	꿀강아지 1 知音 올벼 고개 숙이고 - 이현보	
	12	177a~192a	복습	복습		창작동화 고사성어 시	꿀강아지 2 竹馬故友 행복 - 한용운	
4집	13	193a~208a	星軍相和	星: 行星, 天王星, 北斗七星 相: 首相, 人相, 色相	軍: 軍人, 國軍, 軍士 和: 平和, 和音, 共和國	창작동화 고사성어 시	흰 코끼리의 전설 千里眼 나그네의 밤 노래 - 괴테	한자 카드 쓰기보따리 형성평가
	14	209a~224a	單別命祖	單: 單元, 名單, 食單 命: 生命, 人命, 命令	別: 別名, 別世, 分別 祖: 先祖, 祖上, 祖父母	창작동화 고사성어 시	뱀이 기어 다니게 된 이유 1 朝三暮四 말 없는 청산이오 - 성혼	
	15	225a~240a	居章異再	居: 住居, 居室, 同居 異: 異常, 異意, 大同小異	章: 文章, 圖章, 樂章 再: 再生, 再活用, 再三	창작동화 고사성어 시	뱀이 기어 다니게 된 이유 2 一擧兩得 〈사랑〉을 사랑하여요 - 한용운	
	16	241a~256a	복습	복습		창작동화 고사성어 시	뱀이 기어 다니게 된 이유 3 溫故知新 삶의 아침인사 - 애너 리티셔 바볼드	

F단계 교재별 구성내용은 이렇습니다

◆ 기탄교과서한자 F단계 호별 학습 내용 및 부교재

집	호		학습 한자	학습 한자어		심화 영역		부교재
1집	1	1a~16a	仁 仙 信 休	仁 : 仁川, 仁祖, 仁君 信 : 信用, 自信, 信念	仙 : 仙女, 水仙花, 仙人 休 : 公休日, 休火山, 休息	창작동화	달밤에 얻은 행운 1	한자 카드 쓰기보따리 형성평가
						고사성어	天高馬肥	
						전래동화	빨간부채 파란부채	
	2	17a~32a	安 宅 官 容	安 : 未安, 安心, 安全 官 : 法官, 官家, 外交官	宅 : 住宅, 自宅, 宅地 容 : 容恕, 內容, 美容	창작동화	달밤에 얻은 행운 2	
						고사성어	大器晩成	
						전래동화	사만년을 산 사람	
	3	33a~48a	海 洋 漁 洗	海 : 地中海, 東海, 海外 漁 : 漁夫, 漁村, 出漁	洋 : 東洋, 西洋, 海洋 洗 : 洗手, 洗車, 洗面	창작동화	백일홍이야기 1	
						고사성어	孟母三遷	
						전래동화	소금을 만드는 맷돌	
	4	49a~64a	복습	복습		창작동화	백일홍이야기 2	
						고사성어	蛇足	
						전래동화	우렁각시	
2집	5	65a~80a	他 位 俗 保	他 : 他人, 他地, 自他 俗 : 民俗, 風俗, 世俗	位 : 方位, 品位, 單位 保 : 保全, 安保, 保有	창작동화	꾀 많은 장님 1	한자 카드 쓰기보따리 형성평가
						고사성어	梁上君子	
						전래동화	꼭두각시과 목도령	
	6	81a~96a	守 室 客 定	守 : 守則, 保守, 守兵 客 : 主客, 客室, 客地	室 : 室內, 居室, 王室 定 : 一定, 決定, 安定	창작동화	꾀 많은 장님 2	
						고사성어	良藥苦於口	
						전래동화	잊으라 한 건 안 잊고	
	7	97a~112a	林 村 材 校	林 : 山林, 國有林, 竹林 材 : 木材, 石材, 人材	村 : 山村, 漁村, 民俗村 校 : 下校, 校長, 校門	창작동화	바보 영웅 이야기 1	
						고사성어	座右銘	
						전래동화	반쪽이	
	8	113a~128a	복습	복습		창작동화	바보 영웅 이야기 2	
						고사성어	矛盾	
						전래동화	고양이와 푸른 구슬	
3집	9	129a~144a	決 洞 注 流	決 : 決定, 決心, 可決 注 : 注文, 注意, 注目	洞 : 洞口, 洞長, 仁寺洞 流 : 上流, 交流, 流行	창작동화	괴물 잡은 기발사	한자 카드 쓰기보따리 형성평가
						고사성어	同床異夢	
						전래동화	임자가 따로 있는 요술 궤짝	
	10	145a~160a	便 作 使 代	便 : 便利, 便安, 大便 使 : 使用, 天使, 使臣	作 : 作心三日, 作用, 作品 代 : 古代, 代表, 代身	창작동화	수수께끼 하나	
						고사성어	結草報恩	
						전래동화	배나무골 이도령	
	11	161a~176a	念 志 感 想	念 : 信念, 記念, 一念 感 : 共感, 自信感, 所感	志 : 意志, 同志, 志士 想 : 回想, 思想, 感想	창작동화	행운을 찾아다니는 사나이 1	
						고사성어	井中之蛙	
						전래동화	하늘 나라 밭 구경	
	12	177a~192a	복습	복습		창작동화	행운을 찾아다니는 사나이 2	
						고사성어	近墨者黑	
						전래동화	숨뭉치 꼬리가 된 토끼	
4집	13	193a~208a	計 記 語 詩	計 : 時計, 合計, 生計 語 : 用語, 國語, 言語	記 : 日記, 記入, 記念 詩 : 童詩, 詩人, 三行詩	창작동화	그림자 없는 탑 1	한자 카드 쓰기보따리 형성평가
						고사성어	有備無患	
						전래동화	은혜 갚은 까치	
	14	209a~224a	情 性 進 造	情 : 人情, 友情, 心情 進 : 行進, 進出, 先進國	性 : 性品, 性情, 女性 造 : 造成, 造形, 人造	창작동화	그림자 없는 탑 2	
						고사성어	走馬看山	
						전래동화	두 개가 된 금덩이	
	15	225a~240a	始 好 雲 雪	始 : 始作, 元始, 始祖 雲 : 星雲, 白雲, 靑雲	好 : 同好人, 好意, 好感 雪 : 白雪, 雪景, 雪山	창작동화	그림자 없는 탑 3	
						고사성어	螢雪之功	
						전래동화	구렁이 신랑	
	16	241a~256a	복습	복습		창작동화	그림자 없는 탑 4	
						고사성어	苦盡甘來	
						전래동화	바리공주	

구성내용

G단계 교재별 구성내용은 이렇습니다

◆ 기탄교과서한자 G단계 호별 학습 내용 및 부교재

집	호	학습 한자	학습 한자어	심화 영역		부교재
1집	1	1a~16a	果實夫婦美	果: 成果, 果實, 靑果, 無花果 實: 行實, 實力, 實生活, 口實 夫: 工夫, 夫子, 夫人, 漁夫 婦: 主婦, 夫婦, 婦人, 婦女子 美: 美化員, 美國人, 美人, 美化	인물	마크 트웨인	한자 카드 쓰기보따리 형성평가
					창작동화	소가 골라준 새 신랑 1	
					고사성어	改過遷善	
					기사문	돈 더 버는 아내 집안일 더 한다	
	2	17a~32a	重要活動得	重: 重要, 所重, 貴重, 重大 要: 必要, 主要, 要求, 要所 活: 活用, 生活, 活字, 活力 動: 活動, 行動, 動力, 動作 得: 所得, 利得, 得失	인물	어네스트 톰슨 시튼	
					창작동화	소가 골라준 새 신랑 2	
					고사성어	錦衣還鄕	
					기사문	컬러식품 줄이줄아	
	3	33a~48a	夜景成功者	夜: 夜食, 白夜, 夜光, 夜行 景: 風景, 光景, 山景, 雪景 成: 成長, 作成, 合成, 完成 功: 成功, 功臣, 年功, 功力 者: 記者, 富者, 步行者, 老弱者	인물	에디슨	
					창작동화	소가 골라준 새 신랑 3	
					고사성어	管鮑之交	
					기사문	日 간사이 5색 체험관광	
	4	49a~64a	복습	복습	인물	퀴리부인	
					창작동화	소가 골라준 새 신랑 4	
					고사성어	刻舟求劍	
					기사문	재교육기관 노크 해보자	
2집	5	65a~80a	時間空氣集	時: 日時, 時代, 同時, 時計 間: 人間, 山間, 時間, 中間 空: 空中, 空間, 空冊, 空想 氣: 空氣, 香氣, 日氣, 大氣 集: 文集, 集中, 詩集, 集合	인물	장영실	한자 카드 쓰기보따리 형성평가
					창작동화	거짓말 시합 1	
					고사성어	刮目相對	
					기사문	귀성길 차 안에서 게임 한판	
	6	81a~96a	現在協商事	現: 表現, 現金, 現地, 出現 在: 現在, 所在, 在京, 在來 協: 協同, 協力, 協心, 協定 商: 商人, 商品, 商去來, 協商 事: 人事, 行事, 工事, 記事	인물	록펠러	
					창작동화	거짓말 시합 2	
					고사성어	吳越同舟	
					기사문	폴크스바겐 노·사 대협상	
	7	97a~112a	社會技能部	社: 社長, 會社, 社交, 入社 會: 大會, 社會, 面會, 立會 技: 長技, 技法, 技術, 技能 能: 技能, 能力, 可能, 才能 部: 部分, 一部分, 外部, 一部	인물	콜럼버스	
					창작동화	말 잘 듣는 효자 1	
					고사성어	羊頭狗肉	
					기사문	국가중대사 국민합의가 필요	
	8	113a~128a	복습	복습	인물	앙리 뒤낭	
					창작동화	말 잘 듣는 효자 2	
					고사성어	完璧	
					기사문	시동 걸면 주행정보 쫙~	
3집	9	129a~144a	問答登場省	問: 問安, 問題, 反問 答: 問答, 答信, 正答, 回答 登: 登山, 登校, 登用 場: 市場, 工場, 入場, 場面 省: 反省, 自省, 省墓	인물	리스트	한자 카드 쓰기보따리 형성평가
					창작동화	냄새 맡은 값 1	
					고사성어	指鹿爲馬	
					기사문	침체의 잠에 취한 라인강의 기적	
	10	145a~160a	春夏秋冬溫	春: 春川, 春香, 立春, 靑春 夏: 立夏, 春夏, 夏至 秋: 秋夕, 秋風, 春秋 冬: 冬至, 立冬, 春夏秋冬 溫: 氣溫, 溫室, 溫水	인물	김홍도	
					창작동화	냄새 맡은 값 2	
					고사성어	塞翁之馬	
					기사문	스키장 잘 넘어져야 안 다친다	
	11	161a~176a	貴愛病死敬	貴: 貴重, 高貴, 富貴, 貴人 愛: 友愛, 愛國, 愛人, 愛犬 病: 問病, 白血病, 病室, 病名 死: 生死, 死亡者, 不死身, 病死 敬: 恭敬, 敬老, 敬老席, 敬語	인물	안중근	
					창작동화	아버지의 유서 1	
					고사성어	難兄難弟	
					기사문	은행나무 천국 부석사 가는길	
	12	177a~192a	복습	복습	인물	황희	
					창작동화	아버지의 유서 2	
					고사성어	四面楚歌	
					기사문	서울과 워싱턴 마음을 열 때다	
4집	13	193a~208a	物件發電書	物: 古物, 文物, 人物 件: 物件, 事件, 用件 發: 發生, 出發, 發明, 發見 電: 電力, 電子, 電車, 電氣 書: 文書, 古書, 書名	인물	벤자민 프랭클린	한자 카드 쓰기보따리 형성평가
					창작동화	선행과 쾌락 1	
					고사성어	三顧草廬	
					기사문	대한민국은 배달천국	
	14	209a~224a	高低苦樂朝	高: 高音, 高溫, 高貴, 高見 低: 低溫, 低下, 低利, 低學年 苦: 苦生, 苦心, 苦行 樂: 音樂, 安樂, 樂山 朝: 王朝, 朝夕, 朝會	인물	루소	
					창작동화	선행과 쾌락 2	
					고사성어	骨肉相爭	
					기사문	중소기업 그곳에도 길이 있다	
	15	225a~240a	眞理學習賞	眞: 眞情, 眞空, 眞心 理: 心理, 原理, 眞理, 一理 學: 學年, 學生, 入學, 見學 習: 學習, 風習, 自習 賞: 賞品, 孝行賞, 大賞, 賞金	인물	전봉준	
					창작동화	아가씨와 우유 1	
					고사성어	守株待兎	
					기사문	들리지! 눈 쌓은 숲 생명의 소리	
	16	241a~256a	복습	복습	인물	뢴트겐	
					창작동화	아가씨와 우유 2	
					고사성어	臥薪嘗膽	
					기사문	물건값 계산 … 약도 그리기 …	

학부모 여러분, 〈기탄한자〉는 이렇게 지도해 주세요

1. 학습자의 능력보다 낮은 단계에서 시작하세요.

기탄한자 A~G단계는 기초 한자부터 초등학교 교과서에 쓰인 한자어를 학습하는 프로그램입니다. 한글을 아는 유아에서부터 한자 학습의 경험이 있는 초등학교 6학년 학생을 대상으로 개발되었습니다. 그러나 한자 학습의 경험이 있는 아이라도, 학습자의 경험이나 능력보다 낮은 단계에서 시작하는 것이 바람직합니다. 특히 각 단계의 1집부터 순차적으로 학습해 나가는 것은 매우 중요합니다. 간혹 학부모님의 판단에 따라 단계의 생략은 가능하지만 2, 3집부터 시작하는 것은 옳지 않은 진도 진행입니다. 아이가 학습에 부담을 느끼지 않고 한자 공부는 쉽고 재미있다는 느낌을 가질 수 있도록 A단계 1집에서부터 시작하는 것이 가장 이상적인 출발점입니다.

2. 복습호는 반드시 부모님이 함께 해 주세요.

각 집(권)마다 앞서 배운 한자의 복습호가 구성되어 있습니다. 복습호에서는 항상 형성평가를 실시하여 학습 수용도를 점검합니다. 이 때 부모님이 반드시 채점을 해 주시고, 결과에 따라 적절한 칭찬과 동기유발이 필요합니다. 또 복습주마다 구성된 놀잇감(A~D단계)으로 아이와 함께 놀아 주세요.

3. 교재 구입 즉시 분책하여 사용하세요.

〈기탄한자〉는 구입 즉시 분책하여 사용할 수 있도록 매주 학습할 분량이 별도의 책으로 특수제본(4in1시스템)되어 있습니다. 보통 책은 1번 제본하는 것으로 끝나지만 〈기탄한자〉는 무려 5번의 제본 과정을 거쳐 제작되었습니다. 각 호가 끝날 때마다 새 책으로 공부하게 되므로 아이에게 성취감과 기대감을 갖게 하고 학습 효과도 극대화시켜 줍니다.

4. 매일 일정한 시간에 규칙적으로 학습하게 하세요.

하루 5~10분을 학습하더라도 규칙적으로 학습하는 것이 중요합니다. 1호 분량이 1주일(5일) 학습 분량이므로 한번에 억지로 하지 않게 하고, 반대로 너무 많은 양을 한꺼번에 하는 것도 좋지 않습니다. 어렸을 때부터 조금씩 매일 매일 공부하는 습관을 길러 주도록 합니다.

5. 부모님이 직접 지도해 주세요.

〈기탄한자〉는 교사 방문 학습지와는 달리 아이 스스로 공부하고 부모님이 체크하는 자율적인 학습 모델을 채택하고 있습니다. 따라서 타 학습지 회사에서는 지도교사에게만 제공하는 지도 지침을 해당 호에 상세히 실었습니다. 각 호의 첫 장에 실린 '이렇게 도와주세요', '이번 주 학습포인트'에서는 한 주 동안의 지도 요점이 기재되어 있고, 각 페이지의 하단에도 지도 요점, 주의 사항 등을 기재하였습니다. 학부모님들이 〈기탄한자〉의 기획의도, 학습목표, 지도방법 등을 쉽게 이해하고 아이들에게 가르치기 편하도록 최대한 배려하였습니다.

6. 이미 익힌 한자는 아이가 실생활 속에서 활용하게 하세요.

아이가 이미 익힌 한자는 실생활 속에서 최대한 많은 사용 기회를 갖게 해 줍니다. 알았던 한자도 오랫동안 사용하지 않으면 잊혀지게 됩니다. 학습된 한자를 신문, 책, 대중매체, 인쇄물 등을 활용하여 확인하게 하고 글을 쓸 때 알고 있는 한자로 표현해 볼 기회를 자주 갖도록 합니다.

단계별 학습 한자와 한자능력검정시험 급수 배정 안내

단계	학습 한자	급수 응시 가이드
A단계	• 8급 : 山, 日, 月, 火, 水, 木, 金, 土, 一, 二, 三, 四, 五, 六, 七, 八, 九, 十, 人, 大, 小, 中 • 7급 : 川, 百, 千, 口, 手, 足, 力, 上, 下 • 6급·6급Ⅱ : 目, 石 • 5급 : 耳 • 4급Ⅱ : 田, 玉	A단계에서는 상형자, 지사자 중심의 기초한자 36자를 익혔습니다. 이는 한자능력검정시험 배정한자 중 **8급, 7급 배정한자 31자**와 **상위급수 한자 5자**가 포함됩니다. 학습자의 학년, 나이, 학습수용도에 따라 **8급, 7급** 이내에서 응시용 수험서(기탄급수한자 빨리따기)로 준비한 후 자격증 취득에 도전해 보세요.
B단계	• 8급 : 父, 母, 生, 門, 王, 白, 女 • 7급 : 子, 心, 車, 自, 工, 主, 里, 草, 花, 男, 夕, 面 • 6급·6급Ⅱ : 身, 風 • 5급 : 牛, 士, 己, 魚, 雨, 馬 • 4급Ⅱ : 羊, 鳥, 竹, 齒 • 4급 : 犬, 冊, 舌 • 3급Ⅱ : 刀 • 3급 : 貝	B단계에서는 상형자, 지사자 중심의 기초한자 36자를 익혔습니다. 이는 A단계 학습 한자부터 누적하면 한자능력검정시험 배정한자 중 **8급, 7급 배정한자 50자**와 **상위급수 한자 22자**가 포함됩니다. 학습자의 학년, 나이, 학습수용도에 따라 **8급, 7급** 이내에서 응시용 수험서(기탄급수한자 빨리따기)로 준비한 후 자격증 취득에 도전해 보세요.
C단계	• 8급 : 兄, 弟, 外 • 7급 : 文, 少, 出, 入, 內, 來, 立, 天, 地, 江, 食, 方, 左, 右 • 6급·6급Ⅱ : 言, 才, 交, 多, 光, 明, 行, 角, 古, 今, 衣, 向, 本, 分, 合 • 5급 : 化, 友, 去, 河, 臣, 兵, 卒, 末 • 4급Ⅱ : 血, 肉, 步, 毛, 蟲 • 4급 : 君 • 3급Ⅱ : 坐, 皮	C단계에서는 형성자, 회의자를 중심으로 48자의 기초한자를 익혔습니다. 이는 A단계 학습 한자부터 누적하면 한자능력검정시험 배정한자 중 **7급 배정한자 67자**, **6급·6급Ⅱ 배정한자 86자**와 **상위급수 한자 34자**를 익혔습니다. 학습자의 학년, 나이, 학습수용도에 따라 **7급, 6급·6급Ⅱ** 이내에서 응시용 수험서(기탄급수한자 빨리따기)로 준비한 후 자격증 취득에 도전해 보세요.
D단계	• 8급 : 靑, 長, 國, 東, 西, 南, 北 • 7급 : 色, 住, 所, 姓, 名, 有, 平, 老, 正, 直, 孝, 前, 後, 道, 全, 世, 家 • 6급·6급Ⅱ : 音, 利, 用, 公, 意, 弱, 短, 界, 聞, 童 • 5급 : 赤, 無, 思, 止, 法, 完, 善, 惡, 見, 兒 • 4급Ⅱ : 貧, 富, 忠, 走	D단계에서는 형성자, 회의자를 중심으로 48자의 기초한자를 익혔습니다. 이는 A단계 학습 한자부터 누적하면 한자능력검정시험 배정한자 중 **7급 배정한자 91자**, **6급·6급Ⅱ 배정한자 120자**와 **상위급수 한자 48자**를 익혔습니다. 학습자의 학년, 나이, 학습수용도에 따라 **7급, 6급·6급Ⅱ** 이내에서 응시용 수험서(기탄급수한자 빨리따기)로 준비한 후 자격증 취득에 도전해 보세요.
E단계	• 8급 : 寸, 民, 先, 年, 軍 • 7급 : 市, 同, 不, 字, 命, 祖 • 6급·6급Ⅱ : 京, 各, 由, 失, 反, 共, 幸, 表, 形, 和, 別, 章 • 5급 : 品, 具, 曲, 可, 原, 因, 告, 首, 元, 必, 知, 加, 相, 再 • 4급Ⅱ : 求, 回, 非, 未, 味, 香, 星, 單 • 4급 : 巨, 居, 異	E단계에서는 형성자, 회의자를 중심으로 48자의 필수한자를 익혔습니다. 이는 A단계 학습 한자부터 누적하면 한자능력검정시험 배정한자 중 **7급 배정한자 102자**, **6급·6급Ⅱ 배정한자 143자**와 **상위급수 한자 73자**를 익혔습니다. 학습자의 학년, 나이, 학습수용도에 따라 **6급·6급Ⅱ, 5급** 이내에서 응시용 수험서(기탄급수한자 빨리따기)로 준비한 후 자격증 취득에 도전해 보세요.
F단계	• 8급 : 室, 校 • 7급 : 休, 安, 海, 林, 村, 洞, 便, 記, 語 • 6급·6급Ⅱ : 信, 洋, 定, 注, 作, 使, 代, 感, 計, 始, 雪 • 5급 : 仙, 宅, 漁, 洗, 他, 位, 客, 材, 決, 流, 念, 情, 性, 雲 • 4급Ⅱ : 官, 容, 俗, 保, 守, 志, 想, 詩, 進, 造, 好 • 4급 : 仁	F단계에서는 형성자, 회의자를 중심으로 48자의 필수한자를 익혔습니다. 이는 A단계 학습 한자부터 누적하면 한자능력검정시험 배정한자 중 **7급 배정한자 113자**, **6급·6급Ⅱ 배정한자 165자**와 **상위급수 한자 99자**를 익혔습니다. 학습자의 학년, 나이, 학습수용도에 따라 **6급·6급Ⅱ, 5급** 이내에서 응시용 수험서(기탄급수한자 빨리따기)로 준비한 후 자격증 취득에 도전해 보세요.
G단계	• 8급 : 學 • 7급 : 夫, 重, 活, 動, 時, 間, 空, 氣, 事, 問, 答, 登, 場, 春, 夏, 秋, 冬, 物, 電 • 6급·6급Ⅱ : 果, 美, 夜, 成, 功, 者, 集, 現, 在, 社, 會, 部, 省, 溫, 愛, 病, 死, 發, 書, 高, 苦, 樂, 朝, 理, 習 • 5급 : 實, 要, 景, 商, 技, 能, 貴, 敬, 件, 賞 • 4급Ⅱ : 婦, 得, 協, 低, 眞	G단계에서는 형성자, 회의자를 중심으로 60자의 필수한자를 익혔습니다. 이는 A단계 학습 한자부터 누적하면 한자능력검정시험 배정한자 중 **7급 배정한자 133자**, **6급·6급Ⅱ 배정한자 210자**와 **상위급수 한자 114자**를 익혔습니다. 학습자의 학년, 나이, 학습수용도에 따라 **6급·6급Ⅱ, 5급** 이내에서 응시용 수험서(기탄급수한자 빨리따기)로 준비한 후 자격증 취득에 도전해 보세요.

※ 이 표는 기탄한자 학습 후 한자능력검정시험 자격증 취득의 연계를 위한 지침입니다. 학습자의 학습경험이나 상태에 따라 개별적인 지침이 달라질 수 있습니다.

9호

기탄한자 D단계 3집 97a~108a

4 in 1 시스템

기탄한자는 학습효과를 극대화하기 위해 매주 학습할 분량이 별도의 책으로 특수제본되어 있습니다.

본 교재는 1권의 책 속에 1주일 학습할 분량의 교재 4권이 들어 있는 4 in 1 시스템으로 제본되어 있습니다. 따라서 4권의 책으로 분리되는 것이 정상적인 제본이며, 호별로 빼내어 학습하시면 아주 효과적입니다.

그림으로 익히고 놀이로 기억하는 입체 한자 학습 프로그램

기탄®한자

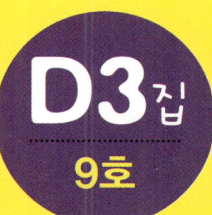

D3집
9호
97a-108a

공부한 날 월 일 ~ 월 일
_____
         (원)교   반
_____
이름   전화
_____
www.gitan.co.kr

기초 탄탄한 교육·기초 탄탄한 학습
G 기탄교육

D단계에서 배울 한자입니다.

D단계							
1집	靑, 赤, 音, 色	2집	公, 平, 意, 思	3집	前, 後, 走, 止	4집	世, 界, 國, 家
	住, 所, 姓, 名		老, 弱, 貧, 富		法, 道, 完, 全		東, 西, 見, 聞
	利, 用, 有, 無		正, 直, 忠, 孝		善, 惡, 長, 短		南, 北, 兒, 童
	복습		복습		복습		복습

※ 매주마다 학습한 한자를 누적하여 읽어 보세요.

학습진단 관리표

	훈음 읽기	훈음 쓰기	한자 쓰기	한자어 읽기	이번 주는?
금주평가	Ⓐ아주 잘함	Ⓐ아주 잘함	Ⓐ아주 잘함	Ⓐ아주 잘함	● 학습방법 ❶ 매일매일 ❷ 가끔 ❸ 한꺼번에 하였습니다.
	Ⓑ잘함	Ⓑ잘함	Ⓑ잘함	Ⓑ잘함	● 학습태도 ❶ 스스로 잘 ❷ 시켜서 억지로 하였습니다.
	Ⓒ보통	Ⓒ보통	Ⓒ보통	Ⓒ보통	● 학습흥미 ❶ 재미있게 ❷ 싫증내며 하였습니다.
	Ⓓ노력해야 함	Ⓓ노력해야 함	Ⓓ노력해야 함	Ⓓ노력해야 함	● 교재내용 ❶ 적합하다고 ❷ 어렵다고 ❸ 쉽다고 하였습니다.
	지도 교사가 부모님께				부모님이 지도 교사께

종합평가	Ⓐ아주 잘함	Ⓑ잘함	Ⓒ보통	Ⓓ노력해야 함

D3집
97a-108a

이번 주에는 前(앞 전), 後(뒤 후), 走(달릴 주), 止(그칠 지)를 배워요.

이렇게 **도와** 주세요

1 일차 97a~98b
- 지난 호에서 학습한 正, 直, 忠, 孝를 복습합니다.
- 동화를 읽고 前, 後, 走, 止의 뜻, 소리를 알아봅니다.
- 한자 카드나 받아쓰기로 앞서 배운 한자를 복습합니다.

2 일차 99a~100b
- 前, 後의 뜻, 소리, 자원, 필순, 한자어를 익힙니다.
- 前, 後는 서로 상대적인 뜻을 지닌 한자임을 설명합니다.

3 일차 101a~102b
- 走, 止의 뜻, 소리, 자원, 필순, 한자어를 익힙니다.
- 사람이 달리고 있는 모습과 그치는 모습의 상황을 설명하면서 한자를 익힙니다.

4 일차 103a~105b
- 105b의 학습 방식처럼 동화책이나, 신문의 문장에서 알고 있는 단어를 한자로 표현해 보도록 합니다.
- 한자를 쓸 때는 손에 힘을 주고 크게 쓰는 습관을 기릅니다.

5 일차 106a~108a
- 풀어보기를 채점해 주시고 모르는 한자는 한자 카드를 통하여 복습하도록 합니다.
- 한자 보따리와 재미로 읽기를 통해 한자학습에 흥미를 갖게 합니다.

다시 보기

한자를 따라 쓰고 빈 칸에 뜻과 소리를 쓰세요.

正
뜻 : 바를 소리 : 정

孝
뜻 :   소리 :

忠
뜻 :   소리 :

直
뜻 :   소리 :

빈 칸에 알맞은 한자를 쓰세요.

直 正 出 孝 中 忠

들어가기

동화를 읽고 같은 모양의 한자를 찾아 스티커를 붙이세요.

토끼와 거북이

햇볕이 따뜻한 봄날, 토끼가 거북이에게 말했어요.

"거북아, 느림보 거북아! 저기 보이는 산꼭대기까지 **달리기(走)** 해 볼까?"

"응, 그래. 한 번 해 보자."

거북이는 느릿느릿 고개를 끄덕였어요.

토끼는 제 실력도 모르는 거북이가 어리석다고 생각했어요.

경주가 시작되자 토끼는 깡충깡충 힘차게 뛰었어요.

산중턱에 이르자 토끼는 **뒤(後)**를 돌아보았어요.

"헉헉, 힘들다. 어휴, 저 거북이 좀 봐! 아직도 저 밑에 있네."

토끼는 가던 길을 **멈추고(止)** 나무 아래에서 잠이 들었어요.

• 동화를 읽고 前, 後, 走, 止의 뜻을 알아봅니다.

한편 거북이는 땀을 뻘뻘 흘리며, 엉금엉금 기어오고 있었어요.
쉬지 않고 기어온 거북이는 어느덧 산꼭대기 가까이까지 가고 있었어요.
그것도 모르고 쿨쿨 자던 토끼가 잠에서 깨어났어요.
"아-함! 잘 잤다. 아참, 거북이는 어디에 있지?"
토끼가 산 아래를 내려다보았지만 거북이는 보이지 않았어요.
이곳저곳 두리번거리던 토끼는 앞(前)에 가고 있는 거북이를 보았어요.
"어이쿠! 큰일났네! 거북이가 어느새 꼭대기까지 갔지?"
토끼는 있는 힘을 다해서 깡충깡충 뒤쫓아갔어요.
하지만 거북이는 이미 산꼭대기에서 '만세!'를 부르고 있었어요.

前 알아보기

🔊 빈 곳에 알맞은 스티커를 붙이고 한자의 뜻과 소리를 읽어 보세요.

뜻: 앞   소리: 전

📖 前이 만들어진 유래를 알아보고 한자 스티커를 붙이세요.

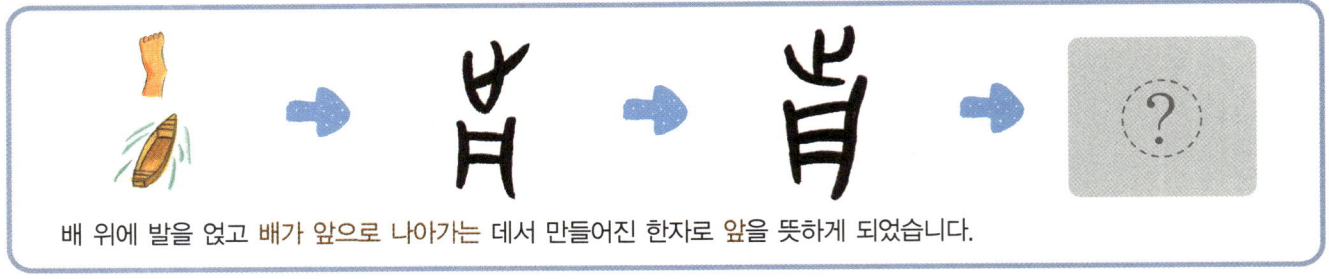

배 위에 발을 얹고 **배가 앞으로 나아가는** 데서 만들어진 한자로 앞을 뜻하게 되었습니다.

✏️ 순서대로 써 보세요.

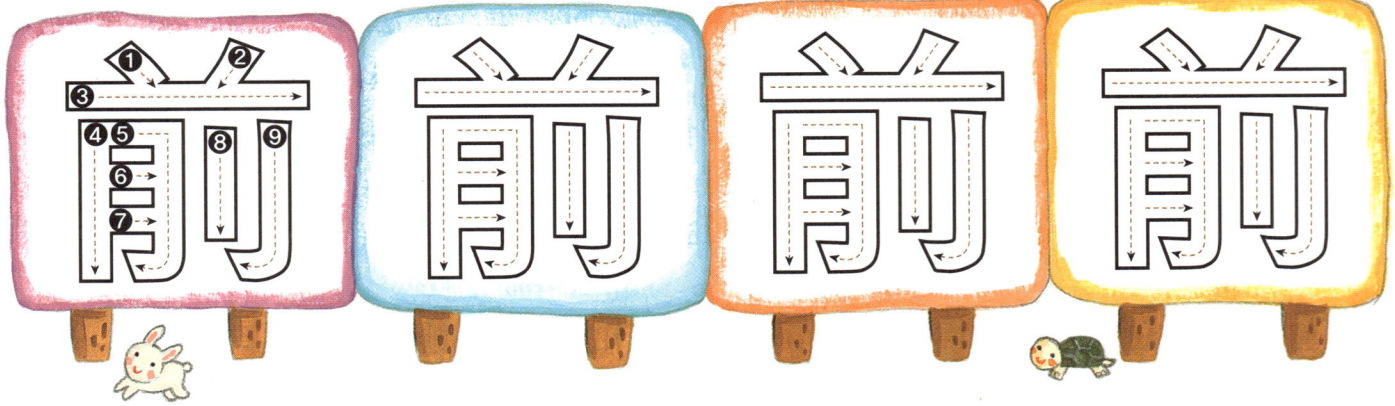

● 그림을 보고 뜻을 먼저 이야기해 본 다음 한자의 뜻과 소리로 적용하게 합니다.

📝 前의 뜻, 소리, 모양을 쓰세요.

- 前은 _____앞_____ 을 뜻하고, _____전_____ 이라고 읽습니다.

- 앞 전은 _____前_____ 이라고 씁니다.

- _____前_____ 은 _____앞_____ 을 뜻하고, _____전_____ 이라고 읽습니다.

📝 빈 칸에 前을 쓰고, 前이 쓰인 한자어를 익혀 보세요.

역 前 : 정거장 앞

오 前 : 밤 열두 시로부터 낮 열두 시까지의 사이

📝 필순에 맞게 前을 써 보세요.

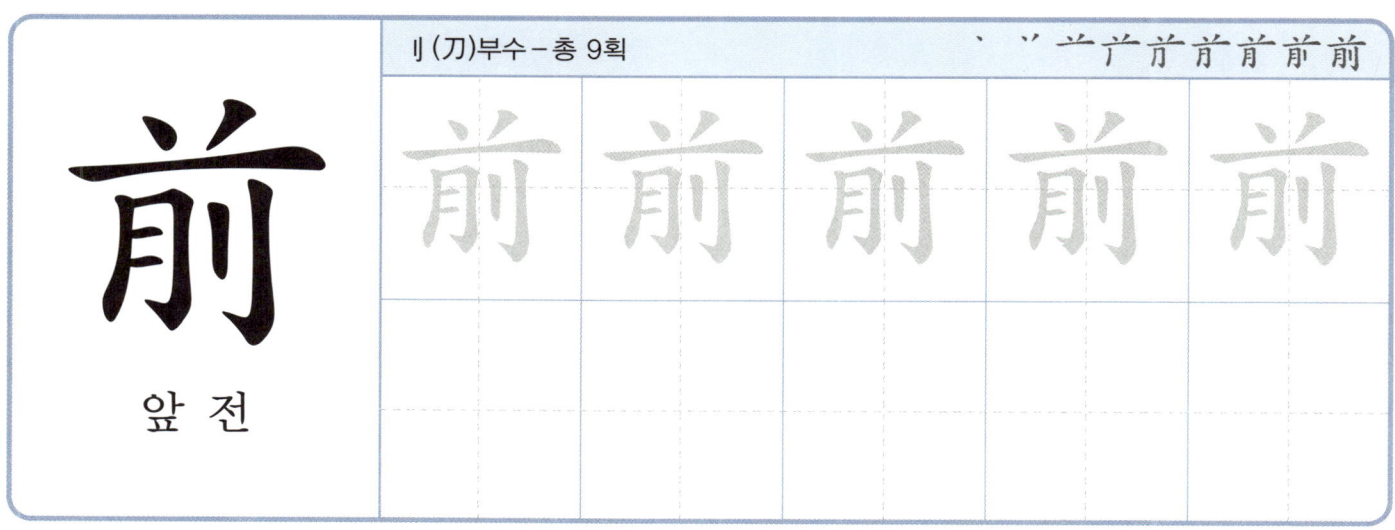

⺉(刀)부수 – 총 9획

前
앞 전

• 刀는 부수로 쓰일 때 ⺉로 모양이 바뀝니다.

後 알아보기

🔊 빈 곳에 알맞은 스티커를 붙이고 한자의 뜻과 소리를 읽어 보세요.

뜻 : 뒤 소리 : 후

📖 後가 만들어진 유래를 알아보고 한자 스티커를 붙이세요.

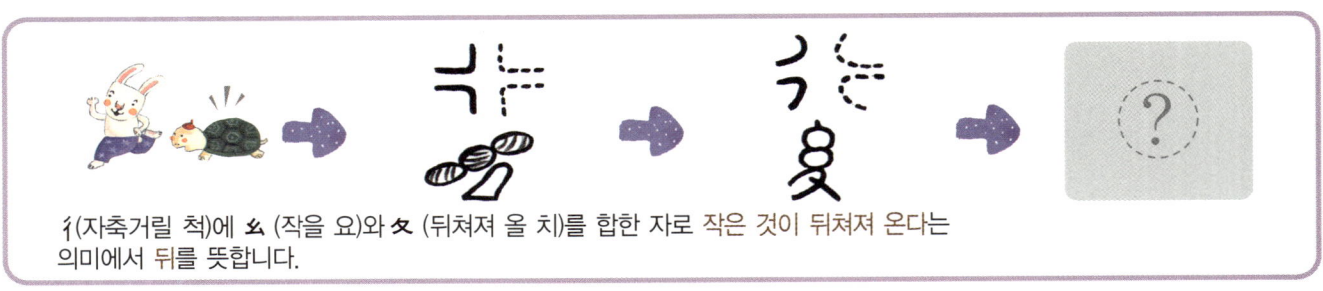

彳(자축거릴 척)에 幺(작을 요)와 夂(뒤쳐져 올 치)를 합한 자로 작은 것이 뒤쳐져 온다는 의미에서 뒤를 뜻합니다.

✏️ 순서대로 써 보세요.

• 後는 획과 필순에 유의하여 익히도록 합니다.

後의 뜻, 소리, 모양을 쓰세요.

- 後는 _____를 뜻하고, _____라고 읽습니다.

- 뒤 후는 _____라고 씁니다.

- _____는 _____를 뜻하고, _____라고 읽습니다.

빈 칸에 後를 쓰고, 後가 쓰인 한자어를 익혀 보세요.

오 □ : 낮 열두 시부터 밤 열두 시까지의 사이

식 □ : 밥을 먹은 뒤

필순에 맞게 後를 써 보세요.

後
뒤 후

亻부수 - 총 9획

丿 ㇇ 彳 彳 彳 彳 彳 後 後

• 前과 後는 서로 상대되는 뜻을 지닌 한자입니다.

 走 알아보기

🔊 빈 곳에 알맞은 스티커를 붙이고 한자의 뜻과 소리를 읽어 보세요.

뜻: 달릴   소리: 주

📖 走가 만들어진 유래를 알아보고 한자 스티커를 붙이세요.

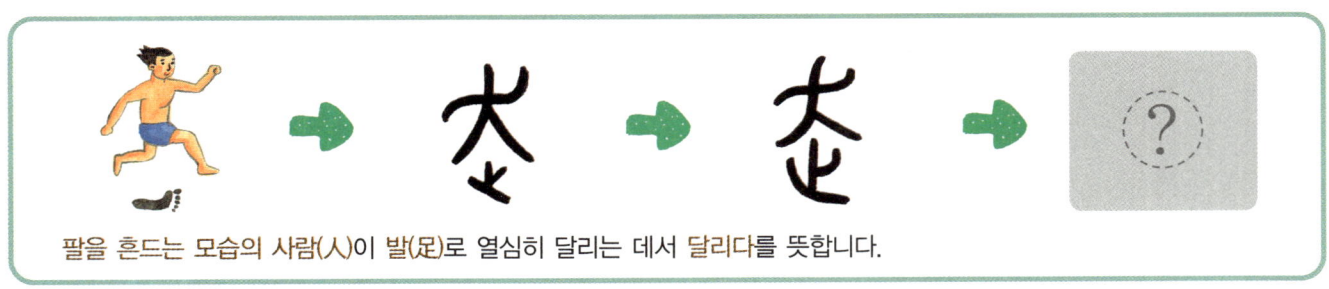

팔을 흔드는 모습의 사람(人)이 발(足)로 열심히 달리는 데서 달리다를 뜻합니다.

✏️ 순서대로 써 보세요.

• C단계 7호에서 배운 步(걸을 보)와 구별하도록 합니다.

- 走의 뜻, 소리, 모양을 쓰세요.

  - 走는 _____을(를) 뜻하고, _____라고 읽습니다.

  - 달릴 주는 _____ 라고 씁니다.

  - _____ 는 _____을(를) 뜻하고, _____라고 읽습니다.

- 빈 칸에 走를 쓰고, 走가 쓰인 한자어를 익혀 보세요.

활 □ 로 : 비행기가 이착륙하기 위해 미끄러져 달리는 길

경 □ : 일정한 거리를 달려 그 빠르기를 겨루는 운동

- 필순에 맞게 走를 써 보세요.

走부수 - 총 7획

一 十 土 キ キ 走 走

走 달릴 주

止 알아보기

🔊 빈 곳에 알맞은 스티커를 붙이고 한자의 뜻과 소리를 읽어 보세요.

뜻: 그칠 소리: 지

📖 止가 만들어진 유래를 알아보고 한자 스티커를 붙이세요.

발을 본뜬 글자로 발로 서서 멈춰 있는 것에서 그치다, 멈추다를 뜻합니다.

✏️ 순서대로 써 보세요.

• 止는 正(바를 정)과 모양을 구별하도록 합니다.

📝 止의 뜻, 소리, 모양을 쓰세요.

- 止는 _____을(를) 뜻하고, _____라고 읽습니다.

- 그칠 지는 _____라고 씁니다.

- _____는 _____을(를) 뜻하고, _____라고 읽습니다.

📝 빈 칸에 止를 쓰고, 止가 쓰인 한자어를 익혀 보세요.

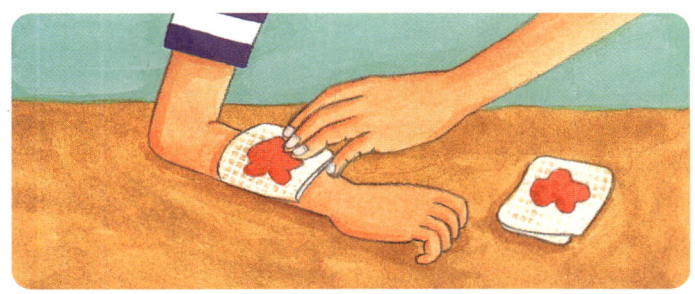

☐ 혈 : 상처에서 나오던 피를 멈추게 함

금 ☐ : 금하여 못하게 함

📝 필순에 맞게 止를 써 보세요.

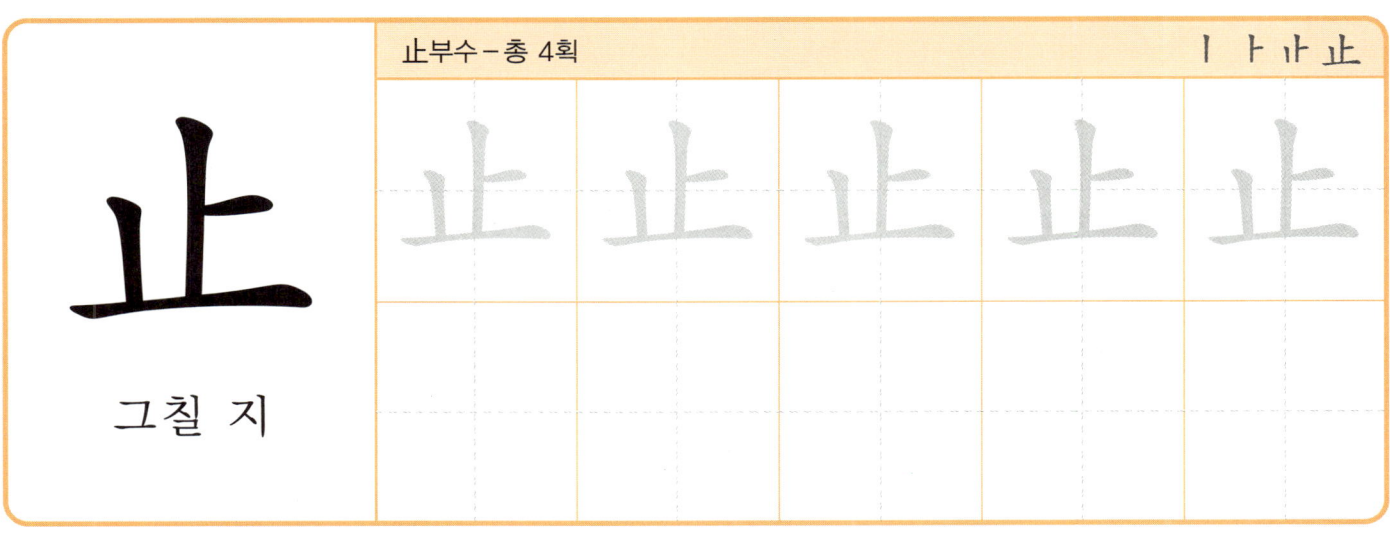

止부수 - 총 4획   丨 卜 止 止

止
그칠 지

• 止의 필순에 유의하여 익히도록 합니다.

다지기

🖊 알맞은 뜻과 소리를 찾아 ◯ 하세요.

	前	뒤 / 달릴 / (앞)	(전) / 후 / 주
	後	앞 / 뒤 / 그칠	전 / 후 / 지
	走	달릴 / 그칠 / 앞	전 / 지 / 주
	止	앞 / 달릴 / 그칠	지 / 전 / 주

빈 곳에 스티커를 붙여 그림을 완성하고 알맞게 연결하세요.

• 오른쪽 우, 충성 충도 한자로 써 봅니다. (예 : 右, 忠)

🖊 자원을 보고 빈 칸에 알맞게 쓰세요.

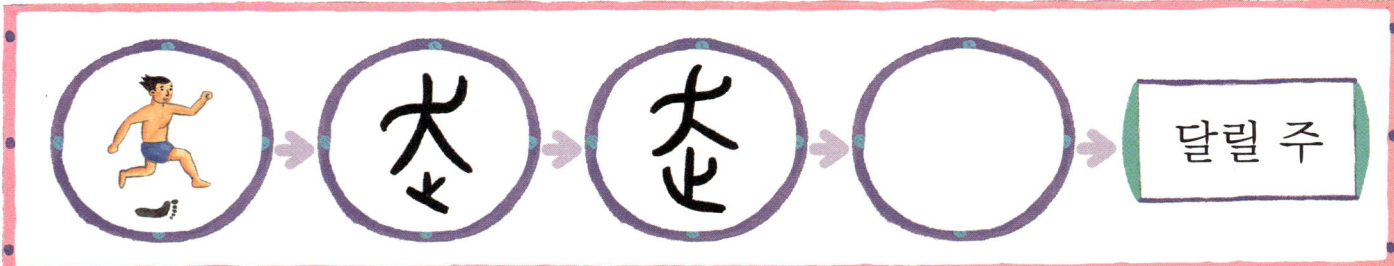

한자를 필순에 맞게 쓰세요.

 앞 전

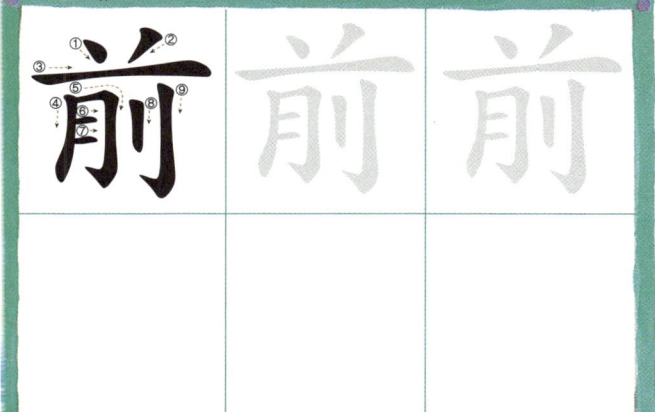

 뒤 후

 달릴 주

 그칠 지

〈보기〉에서 알맞은 한자어를 찾아 쓰세요.

질走 : 빨리 달림

_____ : 나이나 지위, 경력 따위가 아래인 사람

_____ : 중도에서 멈추거나 그침

_____ : 부처나 기독교의 성화 중에 몸에서 비치는 광명의 빛

_____ : 앞으로 나아감

역前 : 정거장 앞

〈보기〉 질走 後배 정止 後광 前진 역前

동화를 읽고 〈보기〉에서 알맞은 한자를 찾아 쓰세요.

소님, 고삐님

옛날 어느 마을에 말씨가 험한 아가씨가 **살았어요** 住.

"야, 엄마! 밥 줘." 하며 웃어른께 반말을 하기도 하고 몰래몰래 나쁜 욕도 했어요.

아가씨는 어느덧 시집을 가게 되었어요. 시집가기 **전** □ 날 밤,

어머니는 아가씨를 불러 말했어요.

"애야, 지금까지 쓰던 말은 그만 **그쳐야** □ 한다. 지금처럼 함부로 말했다가는

시집에서 쫓겨날지도 몰라. 알았니?" 아가씨도 고개를 끄덕였어요.

그 **후** □ 아가씨는 갑자기 존댓말을 쓰는 것이 쉽지 않았어요.

"어머님, 진지 먹어!" 하기도 하고 "아버님, 잘 잤니?" 하기도 했어요.

어느 날 시어머니와 아가씨가 바느질을 하고 있는데

밖에서 **개** □ 짖는 소리가 요란하게 났어요.

"얘, 아가! 누가 온 모양이다. 어서 나가 봐라."

아가씨가 나갔다가 헐레벌떡 들어오며 말했어요.

"어머님, **소** □ 님이 놀래시어 고삐님을 빼시고 **달리시어** □

개님이 놀래시어 짖으시옵나이다." 시어머니는 너무 놀라서 뒤로 넘어졌답니다.

〈보기〉 前 犬 牛 止 後 走 住

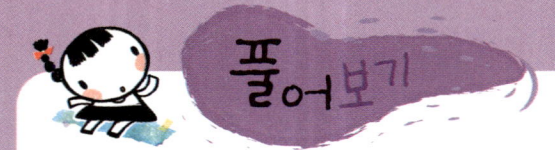

- 한자의 뜻과 소리를 쓰세요.

前 뜻: _____ 소리: _____

走 뜻: _____ 소리: _____

後 뜻: _____ 소리: _____

止 뜻: _____ 소리: _____

- 바르게 연결하세요.

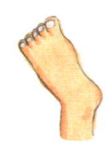 •

• 走

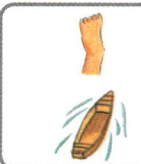 •

• 後

 •

• 前

 •

• 止

● 빈 칸에 알맞은 한자를 쓰세요.

　　　　　오　전
* ☐오☐ ☐ ☐　11시 정각에 만납시다.

　　　　　식　후
* ☐식☐ ☐ ☐　바로 눕는 것은 소화에 도움이 되지 않는다.

　　　　　　　　　경　주
* 토끼와 거북의 ☐경☐ ☐ ☐ 이야기는 많은 교훈을 준다.

　　　　　　지　혈
* 비상시에는 ☐ ☐혈☐ 등 응급처치가 중요하다.

● 뜻·소리에 알맞은 한자를 쓰세요.

문방사우 1

문인들의 서재에 있는 붓, 먹, 벼루, 종이 이 네 가지를 문방사우(文房四友)라고 합니다.
문방사우와 관련된 기록은 고구려 때의 화가이자 스님인 담징이 일본에 건너가
종이, 먹을 만드는 법, 색을 칠하는 기법 등을 가르쳤다는 기록이 있습니다.
그럼 문방사우에 대해서 알아볼까요?

● 붓 ●

옛날에는 글씨를 쓸 때 크게 두 가지 방법이 있었습니다.
종이나 헝겊, 대나무 등에 글자를 쓰는 방법과 딱딱한 돌이나 짐승의 뼈 등에 글자를 새기는 방법입니다.
이 중 글자를 쓰는데 사용되었던 붓의 역사를 알아볼까요?
지금까지 전해지는 붓 중에서 가장 오래된 것은
초(楚) 나라 유적지에서 발견된 장사필이란 붓입니다.
길이가 약 21cm입니다. 붓대가 대나무로 만들어졌고 털은 토끼털로 이루어졌습니다.
특히 한나라 때의 역사를 기록하던 서기관들은 날카롭고 뾰족한 모양의 붓을 귀에 꽂고
있는 그림이 발견되었습니다. 이것은 붓을 귀에 꽂고 뭔가를 적을 필요가 있을 때는
곧바로 적기 위해서였습니다.
우리나라에서도 얼마 전까지만 해도 목수나 상인들은 귀에 연필을 꽂고 일을
하기도 했습니다.

-계속-

 해답

D3집 97a-108a

97a

97b

99a

99b

100a

100b

101a

101b

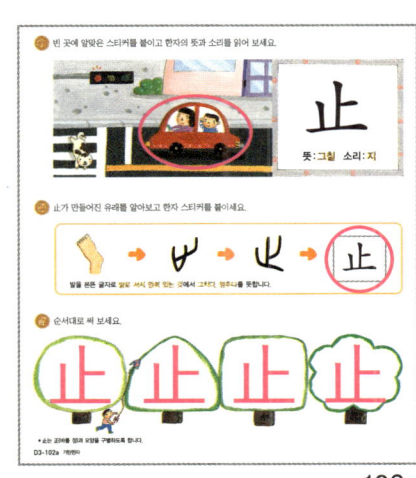
102a

기탄한자 D3-107b

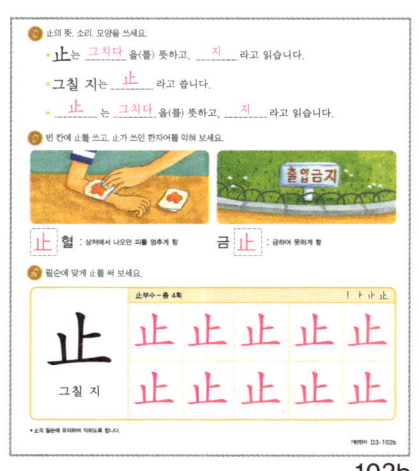
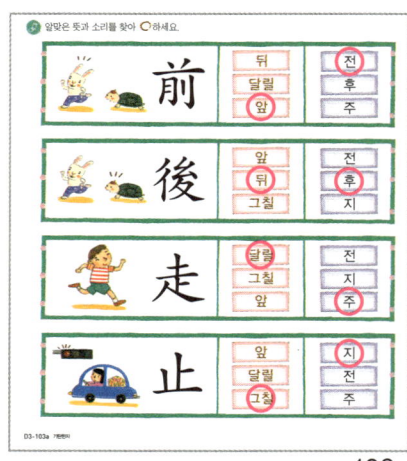

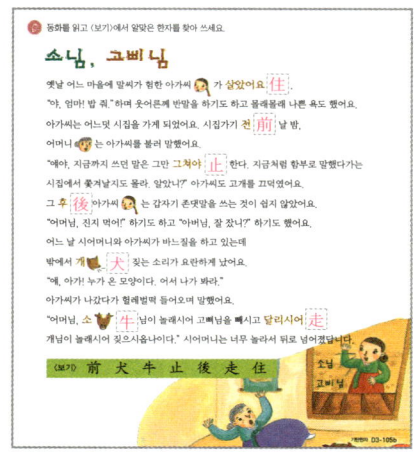

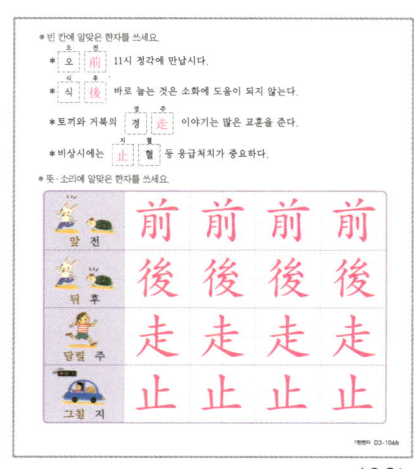

前

後

走

止

後 뒤 후	前 앞 전
止 그칠 지	走 달릴 주

午前

午後

競走

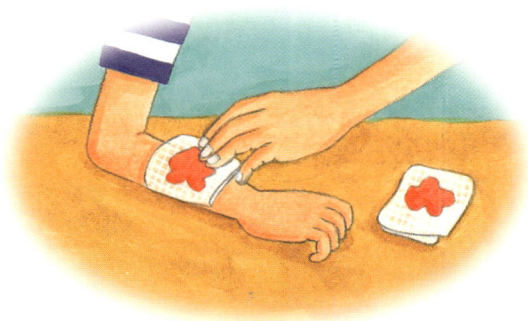

止血

오후

낮 열두 시부터
밤 열두 시까지의 사이

午:낮 오   後:뒤 후

오전

밤 열두 시로부터
낮 열두 시까지의 사이

午:낮 오   前:앞 전

지혈

상처에서 나오던
피를 멈추게 함

止:그칠 지   血:피 혈

경주

일정한 거리를 달려
그 빠르기를 겨루는 운동

競:다툴 경   走:달릴 주

98a

前
앞 전

後
뒤 후

98b

走
달릴 주

止
그칠 지

99a  前

100a  後

101a  走

102a  止

103b

 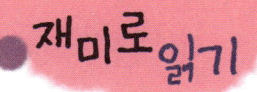  

 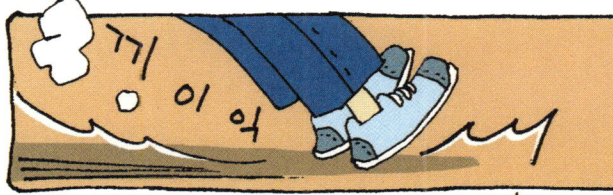  

펴낸이 : 정지향
펴낸곳 : (주)기탄교육
기획·편집·디자인 : 기탄교육연구소
주소 : 06698 서울특별시 서초구 효령로 40 기탄출판센터
등록 : 제2000-000098호
전화 : (02) 586-1007
팩스 : (02) 586-2337

※ 서점에 갈 시간이 없거나 구하기 어려운 분은 인터넷 또는 전화로 신청하세요. 즉시 우송해 드립니다.
● www.gitan.co.kr

ⓒ (주)기탄교육 All rights reserved.
저작권자의 동의 없이 본 교재를 무단으로 복제하거나 전재하는 것을 금합니다.

받아쓰기

● 엄마가 뜻·소리를 부르고 아이가 한자를 써 보도록 합니다.

9호에서 배운 한자를 다시 한번 써 보세요.

前 앞 전	前	前	前	前	前
後 뒤 후	後	後	後	後	後
走 달릴 주	走	走	走	走	走
止 그칠 지	止	止	止	止	止

D3집
109a-120a

10 호

기탄한자 D단계 3집 109a~120a

D단계에서 배울 한자입니다.

	D단계						
1집	靑, 赤, 音, 色	2집	公, 平, 意, 思	3집	前, 後, 走, 止	4집	世, 界, 國, 家
	住, 所, 姓, 名		老, 弱, 貧, 富		法, 道, 完, 全		東, 西, 見, 聞
	利, 用, 有, 無		正, 直, 忠, 孝		善, 惡, 長, 短		南, 北, 兒, 童
	복습		복습		복습		복습

※ 매주마다 학습한 한자를 누적하여 읽어 보세요.

학습진단관리표

금주평가	훈음 읽기	훈음 쓰기	한자 쓰기	한자어 읽기	이번 주는?			
	Ⓐ 아주 잘함	Ⓐ 아주 잘함	Ⓐ 아주 잘함	Ⓐ 아주 잘함	● 학습방법	❶ 매일매일	❷ 가끔	❸ 한꺼번에 하였습니다.
	Ⓑ 잘함	Ⓑ 잘함	Ⓑ 잘함	Ⓑ 잘함	● 학습태도	❶ 스스로 잘	❷ 시켜서 억지로 하였습니다.	
	Ⓒ 보통	Ⓒ 보통	Ⓒ 보통	Ⓒ 보통	● 학습흥미	❶ 재미있게	❷ 싫증내며 하였습니다.	
	Ⓓ 노력해야 함	Ⓓ 노력해야 함	Ⓓ 노력해야 함	Ⓓ 노력해야 함	● 교재내용	❶ 적합하다고	❷ 어렵다고	❸ 쉽다고 하였습니다.

지도 교사가 부모님께	부모님이 지도 교사께

종합평가	Ⓐ 아주 잘함	Ⓑ 잘함	Ⓒ 보통	Ⓓ 노력해야 함

D3집 109a-120a

이번 주에는 法 (법 법), 道 (길 도), 完 (완전할 완), 全 (온전 전)을 배워요.

이렇게 **도와** 주세요

1일차 109a~110b
- 지난 호에서 학습한 前, 後, 走, 止를 복습합니다.
- 동화를 읽고 法, 道, 完, 全의 뜻을 이야기해 봅니다.
- 한자 카드와 받아쓰기로 앞서 배운 한자를 복습합니다.

2일차 111a~112b
- 法, 道의 뜻, 소리, 필순, 자원, 한자어를 익힙니다.
- 道에는 '길'이라는 뜻 이외에 '도리, 이치, 말하다' 등의 여러 가지 뜻이 있음을 지도합니다.

3일차 113a~114b
- 完, 全의 뜻, 소리, 필순, 자원, 한자어를 익힙니다.
- 全은 金(쇠/성 금/김)과 모양이 비슷하므로 구별하도록 합니다.
- 完과 全은 뜻이 비슷한 한자임을 지도합니다.

4일차 115a~117b
- 다양한 방법으로 法, 道, 完, 全의 뜻, 소리, 필순, 자원, 한자어를 익힙니다.
- 길 도는 道, 道 두 가지 모양이 통용됩니다.

5일차 118a~120a
- 풀어보기를 통해 이번 주 학습 성취도를 확인합니다.
- 채점 결과 어려워하는 한자는 한자 카드와 자원으로 이해를 도와 줍니다.

다시 보기

한자를 따라 쓰고 빈 칸에 뜻과 소리를 쓰세요.

走
뜻 :   소리 :

前
뜻 :   소리 :

止
뜻 :   소리 :

後
뜻 :   소리 :

빈 칸에 알맞은 한자를 쓰세요.

들어가기

동화를 읽고 같은 모양의 한자를 찾아 스티커를 붙이세요.

마음으로 보는 거울

옛날에 멋 부리기 좋아하는 임금님이 살았어요.

임금님은 하루 종일 거울을 보며 **완벽한(完)** 자신의 얼굴에 도취했지요.

하루는 왕관이 떨어지는 바람에 얼굴에 큰 상처가 나고 말았어요.

임금님은 더 이상 거울을 보고 싶지 않았어요.

그리고 깨끗하고 단정한 다른 사람들도 보고 싶지 않았어요.

임금님은 **법(法)**을 만들어서 나라 안의 모든 거울을 없애게 했어요.

그러자 백성들은 씻지 않고 옷도 빨아 입지 않고 다녔어요.

그리고 **길(道)**에는 더러운 쓰레기와 냄새로 가득했어요.

몇 년이 지나자 나라 **전체(全)**가 엉망이 되었어요.

• 동화를 읽고 문장 속에서 쓰이는 한자를 알아봅니다.

그런데 어느 산 속 소녀만 날마다 깨끗이 씻고 할머니와 오손도손 살았어요.
이 소문을 들은 임금님은 신하를 시켜 소녀를 잡아오게 했어요.
"그대는 왜 거울을 없애지 않았는가?"
임금님은 화가 나서 말했어요.
"임금님, 저는 앞을 볼 수 없습니다. 하지만 마음의 거울을 보지요."
"마음의 거울이라고?"
임금님은 자신의 잘못을 뉘우치고 거울을 없애는 이상한 명령도 거두었어요.
나라는 다시 깨끗해지고 살기 좋은 나라가 되었답니다.

• 도입쪽이므로 한자의 뜻과 소리와 모양을 소개하는 정도로 학습합니다.

🔊 빈 곳에 알맞은 스티커를 붙이고 한자의 뜻과 소리를 읽어 보세요.

✏️ 法이 만들어진 유래를 알아보고 한자 스티커를 붙이세요.

水(물 수)에 去(갈 거)를 합친 자로, 물이 항상 높은 데서 낮은 데로 공평하게 흘러간다는 데서 법을 뜻하게 되었습니다.

✏️ 순서대로 써 보세요.

📝 法의 뜻, 소리, 모양을 쓰세요.

- 法은 _____ 을 뜻하고, _____ 이라고 읽습니다.

- 법 법은 _____ 이라고 씁니다.

- _____ 은 _____ 을 뜻하고, _____ 이라고 읽습니다.

📝 빈 칸에 法을 쓰고, 法이 쓰인 한자어를 익혀 보세요.

☐ 률 : 국민이 지켜야 할 나라의 규율

☐ 원 : 나라의 사법권을 행사하는 기관

📝 필순에 맞게 法을 써 보세요.

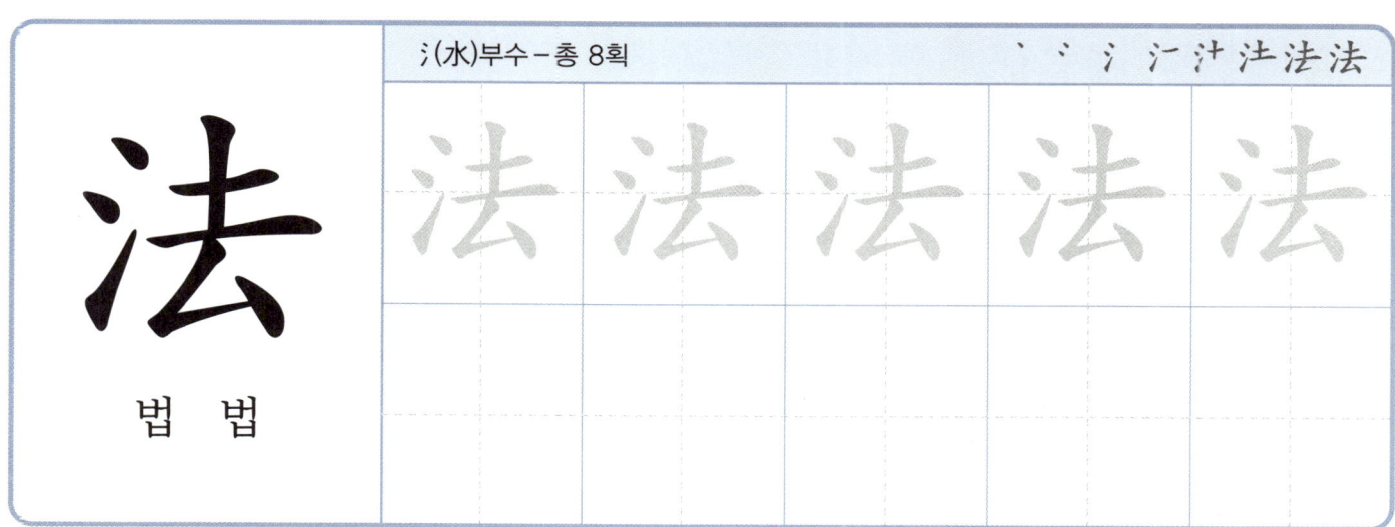

氵(水)부수 – 총 8획   丶丶氵氵汁汁法法

法
법 법

• 水(물 수)는 부수로 쓰일 때 氵으로 모양이 변합니다.

🔊 빈 곳에 알맞은 스티커를 붙이고 한자의 뜻과 소리를 읽어 보세요.

📒 道가 만들어진 유래를 알아보고 한자 스티커를 붙이세요.

首(머리 수)에 辶(쉬엄쉬엄 갈 착)을 합친 자로, 사람이 살아갈 도리와 이치를 뜻하게 된 한자로 나아가 사람이 다니는 길을 뜻하게 되었습니다.

✏️ 순서대로 써 보세요.

• 길 도는 道, 道 두 가지 모양이 통용됩니다. 길 도의 모양이 道일 경우 필순은 ` ˙ ˵ ˶ ⺌ ⺍ 广 产 首 首 道 道 道 으로 씁니다.

📝 道의 뜻, 소리, 모양을 쓰세요.

- 道 는 _____ 을 뜻하고, _____ 라고 읽습니다.

- 길 도는 _____ 라고 씁니다.

- _____ 는 _____ 을 뜻하고, _____ 라고 읽습니다.

📖 빈 칸에 道를 쓰고, 道가 쓰인 한자어를 익혀 보세요.

☐ 로 : 사람, 차 등이 다닐 수 있도록 만들어진 비교적 넓은 길

☐ 덕 : 사람으로서 마땅히 지켜야 할 도리 및 그에 준한 행동

✏️ 필순에 맞게 道를 써 보세요.

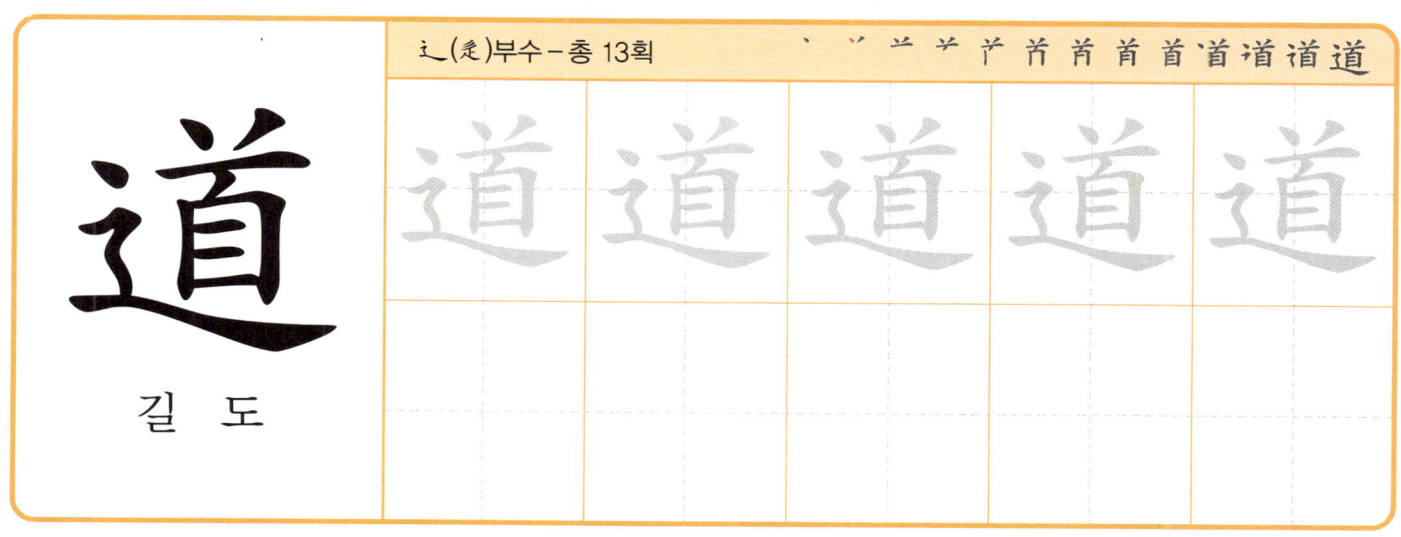

• ⻌(착받침)은 걷다, 가다와 관련 있으며 ⻌, ⾡ 으로 모양이 바뀌기도 합니다.

完 알아보기

🔊 빈 곳에 알맞은 스티커를 붙이고 한자의 뜻과 소리를 읽어 보세요.

뜻 : 완전할   소리 : 완

📖 完이 만들어진 유래를 알아보고 한자 스티커를 붙이세요.

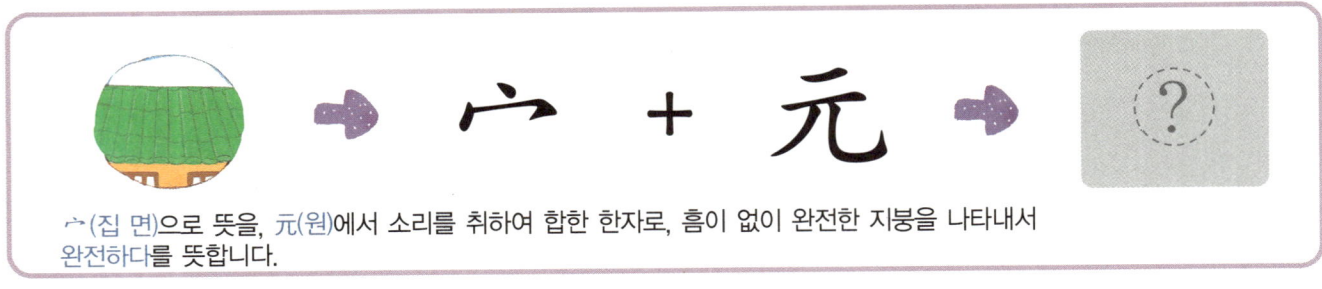

宀(집 면)으로 뜻을, 元(원)에서 소리를 취하여 합한 한자로, 흠이 없이 완전한 지붕을 나타내서 완전하다를 뜻합니다.

✏️ 순서대로 써 보세요.

• 完은 宀과 元(으뜸 원)으로 이루어진 형성자입니다.

📝 完의 뜻, 소리, 모양을 쓰세요.

- 完은 _____을(를) 뜻하고, _____ 이라고 읽습니다.

- 완전할 완은 _____ 이라고 씁니다.

- _____ 은 _____을(를) 뜻하고, _____ 이라고 읽습니다.

📝 빈 칸에 完을 쓰고, 完이 쓰인 한자어를 익혀 보세요.

☐ 승 : 완전하게 이김

☐ 성 : 완전히 다 이룸

📝 필순에 맞게 完을 써 보세요.

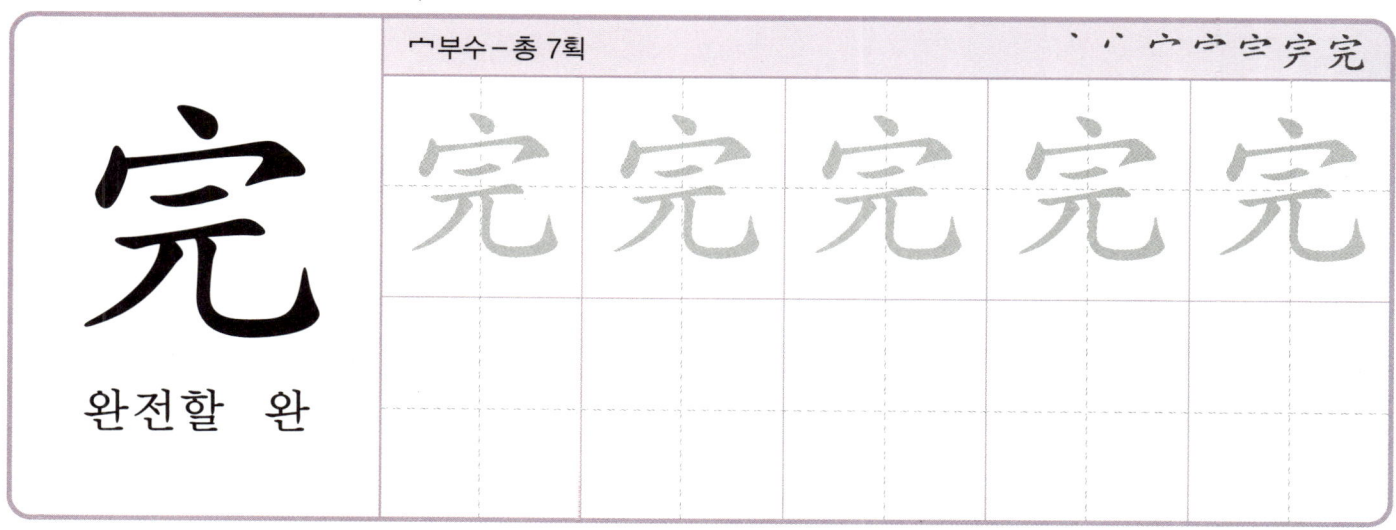

宀부수-총 7획

完 완전할 완

• 完과 全은 비슷한 뜻을 지닌 한자입니다.

全 알아보기

🔊 빈 곳에 알맞은 스티커를 붙이고 한자의 뜻과 소리를 읽어 보세요.

뜻 : 온전   소리 : 전

📋 全이 만들어진 유래를 알아보고 한자 스티커를 붙이세요.

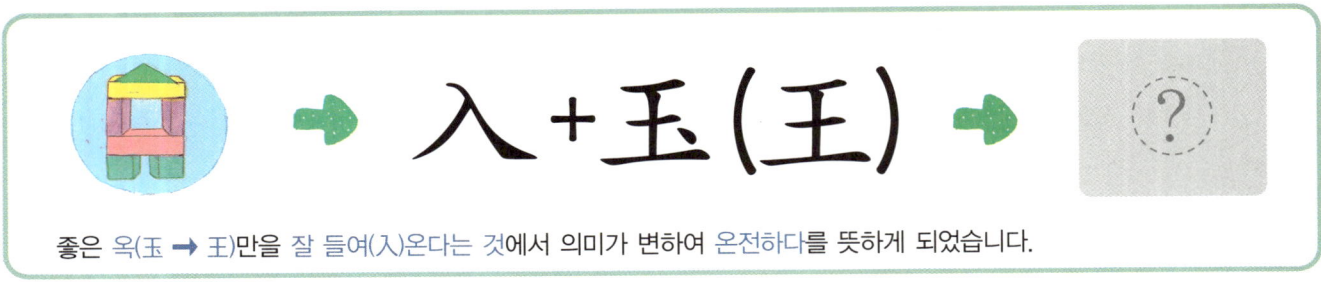

좋은 옥(玉 ➜ 王)만을 잘 들여(入)온다는 것에서 의미가 변하여 온전하다를 뜻하게 되었습니다.

✏️ 순서대로 써 보세요.

• 全은 '전부, 모두'를 뜻하기도 합니다. 全과 仝 둘 다 통용됩니다.

📝 全의 뜻, 소리, 모양을 쓰세요.

- 全은 _____ 을(를) 뜻하고, _____ 이라고 읽습니다.

- 온전 전은 _____ 이라고 씁니다.

- _____ 은 _____ 을(를) 뜻하고, _____ 이라고 읽습니다.

📝 빈 칸에 全을 쓰고, 全이 쓰인 한자어를 익혀 보세요.

☐ 국 : 한 나라의 전체, 온 나라

안 ☐ : 위험하지 않음, 위험이 없음, 또는 그러한 상태

📝 필순에 맞게 全을 써 보세요.

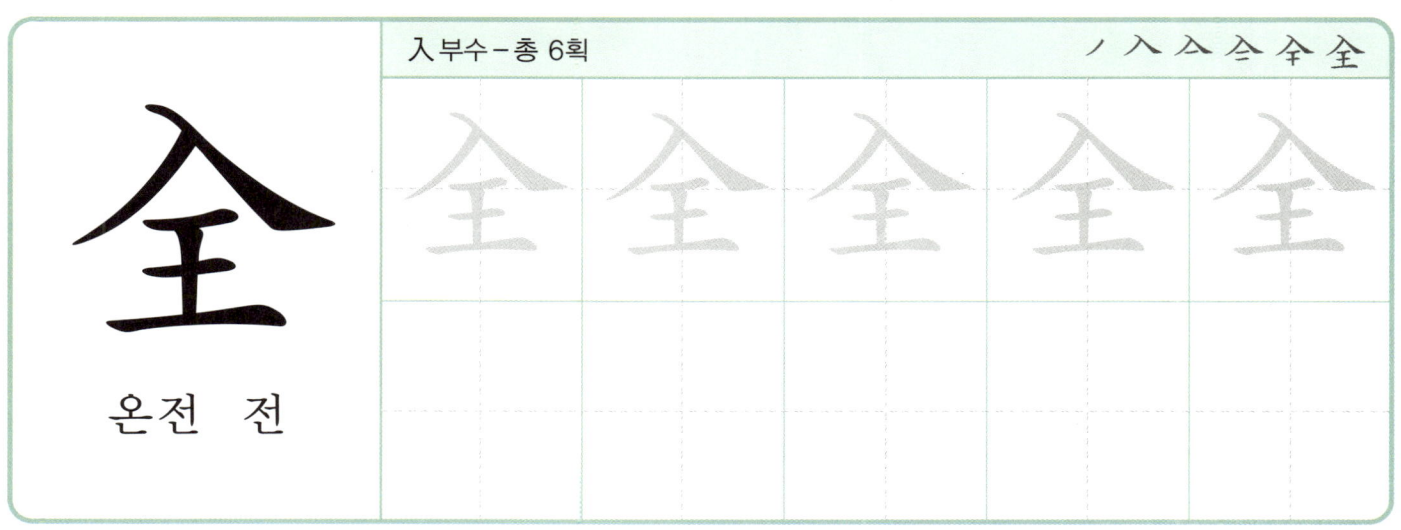

入 부수 – 총 6획   ノ 入 入 仝 仝 全

全
온전 전

• 全은 金(쇠/성 금/김)과 혼동하지 않도록 유의합니다.

다지기

🖉 알맞은 뜻과 소리를 찾아 ◯하세요.

한자	뜻	소리
法	법 / 온전 / 길	법 / 도 / 전
道	완전할 / 길 / 법	법 / 완 / 도
完	완전할 / 온전 / 길	도 / 전 / 완
全	완전할 / 온전 / 법	완 / 전 / 법

빈 곳에 스티커를 붙여 그림을 완성하고 알맞게 연결하세요.

• '뒤 후'와 '쇠 금'도 한자로 써 봅니다. (예: 後, 金)

자원을 보고 빈 칸에 알맞게 쓰세요.

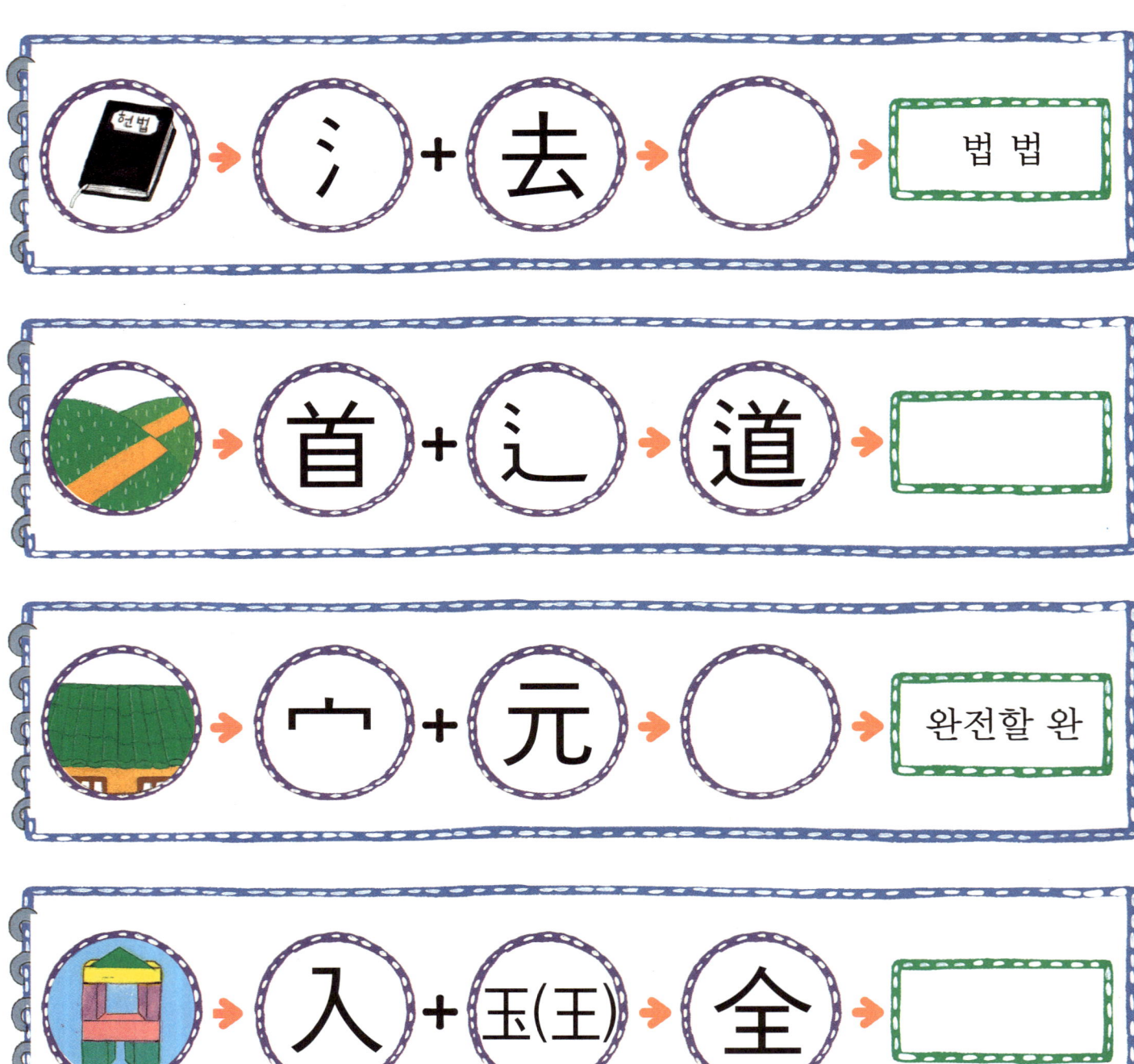

한자를 필순에 맞게 쓰세요.

• 숲은 金(쇠/성 금/김)과의 모양 구별에 유의합니다.

〈보기〉에서 알맞은 한자어를 찾아 쓰세요.

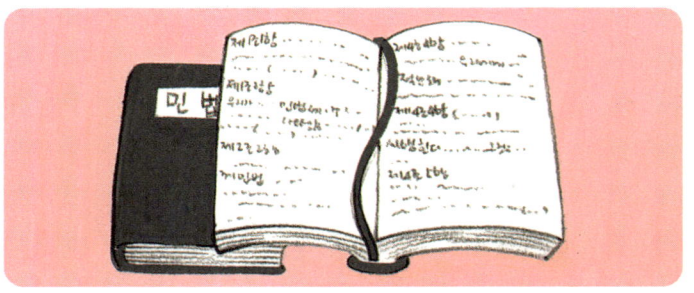
_____ : 어떤 종류의 법규를 체계적으로 정리하여 엮은 책

法관 : 사법권을 행사하여 형사 및 민사상의 재판을 맡아보는 공무원

_____ : 도를 닦는 사람

_____ : 어떤 일을 할 때에 쓰이는 연장

完주 : 목표 지점까지 완전히 달림

_____ : 어떤 곡(曲)의 전체

〈보기〉   全곡   道사   法관   道구   完주   法전

동화를 읽고 〈보기〉에서 알맞은 한자를 찾아 쓰세요.

사자와 학

동물의 왕 [王] 사자가 먹이를 먹다가 뼈가 목에 걸렸어요.

'컥컥, 숨 막혀. 아무리 애를 써도 내 힘[力]으로는 안 되겠구나.'

"누구든 내 목구멍에서 뼈를 빼 주는 자에게 상을 내리겠노라."

그런데 동물들은 겁이 나서 아무도 사자의 입에 들어가려 하지 않았어요.

그 때 길[道]을 가던 학이 사자에게 다가와 말했어요.

"사자님. 저는 긴 부리를 가지고 있으니 그 일을 할 수 있지요. 입을 크게 아~ 벌려 보세요."

학은 사자 입 안에 긴 부리를 집어 넣어 뼈를 완전[全][完]히 빼냈어요.

학은 커다란 사자가 자기한테 쩔쩔매는 꼴을 보니 사자가 초라해 보였어요.

"사자야, 뼈를 빼 주었으니 이제 약속한 상을 주어야지."

학의 교만한 태도에 화가 난 사자가 퉁명스럽게 대답했어요.

"동물의 왕 사자님의 입[口] 안에 머리를 넣고도 살아난 자는 너 밖에 없다. 그것이 내가 주는 상이니 어서 썩 둘러가거라."

이 말을 들은 학은 부끄러워서 얼른 도망갔어요.

〈보기〉 王 力 全 口 道 完

• 전래 동화나 재미있는 이야기를 통하여 지금까지 학습한 한자를 문장 속에 적용하여 봅니다.

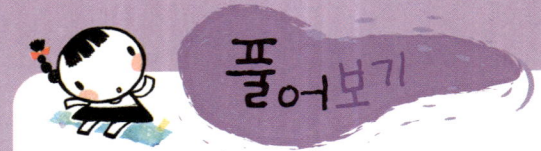

- 한자의 뜻과 소리를 쓰세요.

全 뜻: _____ 소리: _____   道 뜻: _____ 소리: _____

完 뜻: _____ 소리: _____   法 뜻: _____ 소리: _____

- 바르게 연결하세요.

 ㆍ氵 + 去   ㆍ   ㆍ 完

 首 + 辶   ㆍ   ㆍ 道

 宀 + 元   ㆍ   ㆍ 法

 入 + 玉(王)   ㆍ   ㆍ 全

● 빈 칸에 알맞은 한자를 쓰세요.

* [전] [국]국 적으로 많은 비가 내렸습니다.

* [도] [로]로 에 많은 차가 있습니다.

* 드디어 배를 [완] [성]성 했다.

* [법] [원]원 앞에 기자들이 대기하고 있습니다.

● 뜻·소리에 알맞은 한자를 쓰세요.

 漢字 보따리

문방사우 2

● 벼루와 먹 ●

벼루와 먹 중 가장 오래된 것은 진나라 때의 묘에서 발견된 것입니다.
초기의 벼루는 원형의 평평한 돌모양으로 잘 갈아지도록 입자가 고운 돌로 만들어져 있습니다.

먹은 한나라 때에는 소나무를 태워서 얻은 그을음으로 만들었다고 합니다.
그 그을음에 아교와 옻을 접착제로 더하여 둥글게 만들었습니다.
그 후 점점 많은 변화 과정을 거쳐 오늘날의 모양을 이루었습니다.

- 계속 -

해답

D3집 109a-120a

109a

109b

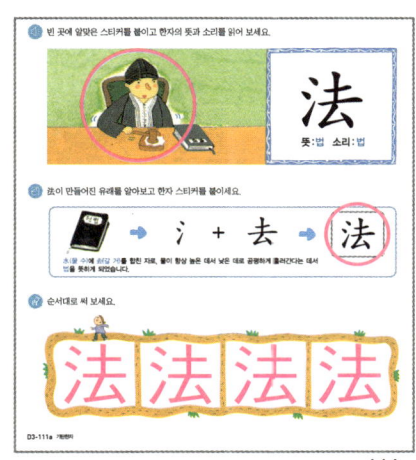
111a

111b

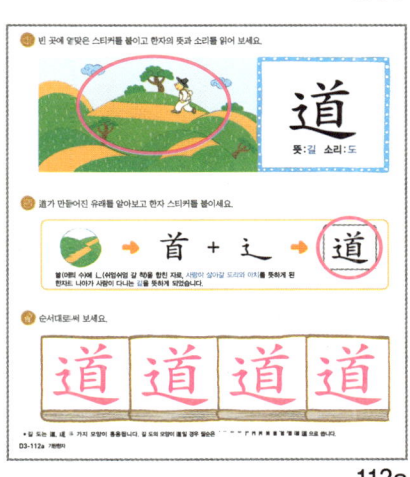
112a

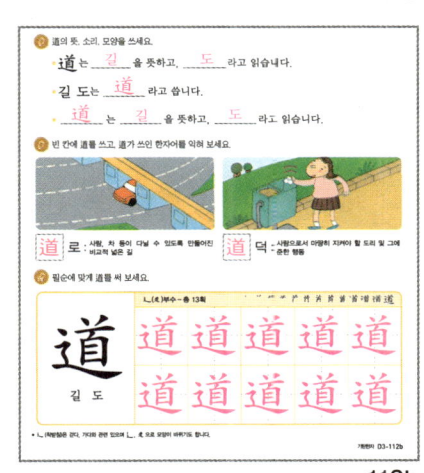
112b

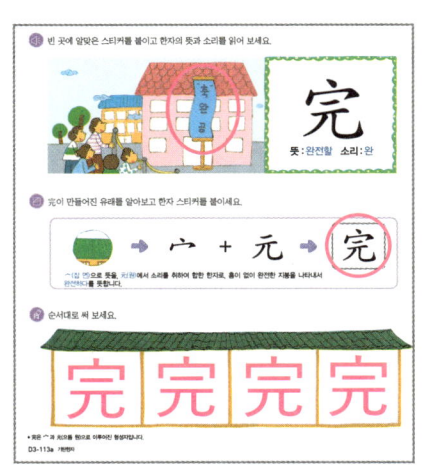
113a

113b

114a

기탄한자 D3-119b

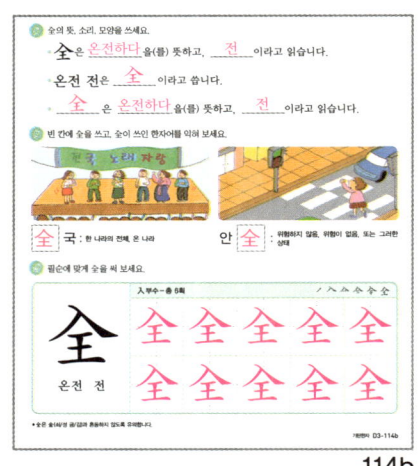
114b

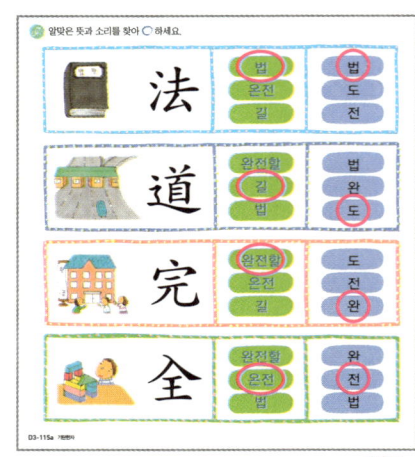
115a

115b

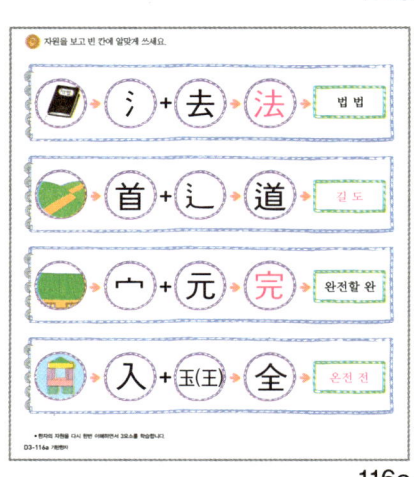
116a

116b

117a

117b

118a

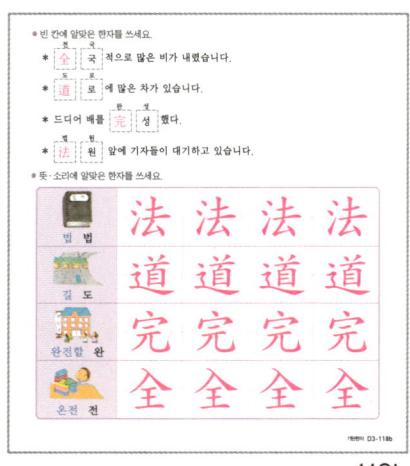
118b

기탄한자 D3집 10호 한자 카드

法

道

完

全

道	法
길 도	법 법
全	完
온전 전	완전할 완

法律

道路

完成

全國

도로
사람, 차 등이 다닐 수 있도록 만들어진 비교적 넓은 길

道:길 도　路:길 로

법률
국민이 지켜야 할 나라의 규율

法:법 법　律:법 률

전국
한 나라의 전체. 온 나라

全:온전 전　國:나라 국

완성
완전히 다 이룸

完:완전할 완　成:이룰 성

110a	110b		
法 법 법	道 길 도	完 완전할 완	全 온전 전

111a	112a	113a	114a

法	道	完	全

115b

법 법

온전 전

 재미로 읽기

 완전할 완 完

펴낸이 : 정지향
펴낸곳 : (주)기탄교육
기획·편집·디자인 : 기탄교육연구소
주소 : 06698 서울특별시 서초구 효령로 40 기탄출판센터
등록 : 제2000-000098호
전화 : (02) 586-1007
팩스 : (02) 586-2337

※서점에 갈 시간이 없거나 구하기 어려운 분은 인터넷 또는 전화로 신청하세요. 즉시 우송해 드립니다.
● www.gitan.co.kr

ⓒ (주)기탄교육 All rights reserved.
저작권자의 동의 없이 본 교재를 무단으로 복제하거나 전재하는 것을 금합니다.

받아쓰기

● 엄마가 뜻·소리를 부르고 아이가 한자를 써 보도록 합니다.

10호에서 배운 한자를 다시 한번 써 보세요.

法 법 법

道 길 도

完 완전할 완

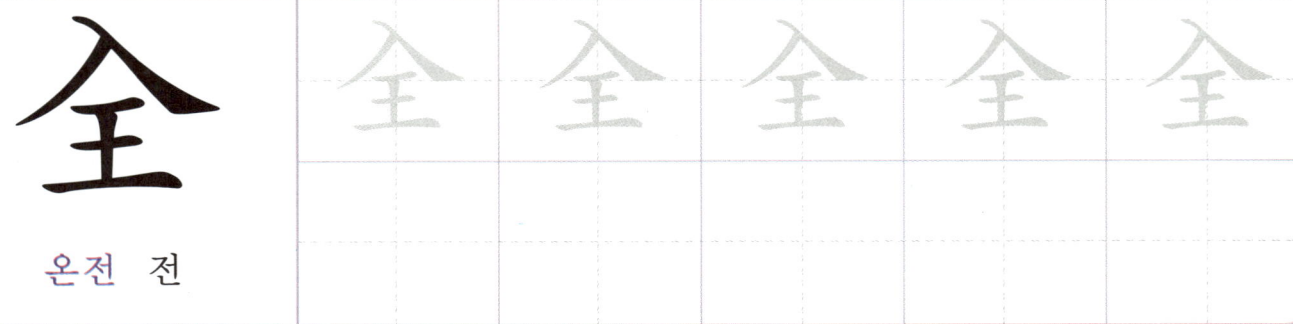

全 온전 전

D3집
121a-132a

11호

기탄한자 D단계 3집 121a~132a

그림으로 익히고 놀이로 기억하는 입체 한자 학습 프로그램

기탄®한자

D3집
11호
121a-132a

공부한 날   월   일 ~ 월   일
　　　　　(원)교　　　　　반
이름　　　　　　전화

www.gitan.co.kr

D단계에서 배울 한자입니다.

D단계							
1집	靑, 赤, 音, 色	2집	公, 平, 意, 思	3집	前, 後, 走, 止	4집	世, 界, 國, 家
	住, 所, 姓, 名		老, 弱, 貧, 富		法, 道, 完, 全		東, 西, 見, 聞
	利, 用, 有, 無		正, 直, 忠, 孝		善, 惡, 長, 短		南, 北, 兒, 童
	복습		복습		복습		복습

※ 매주마다 학습한 한자를 누적하여 읽어 보세요.

학습진단 관리표

	훈음 읽기	훈음 쓰기	한자 쓰기	한자어 읽기	이번 주는?
금주평가	Ⓐ 아주 잘함	Ⓐ 아주 잘함	Ⓐ 아주 잘함	Ⓐ 아주 잘함	● 학습방법 ❶ 매일매일 ❷ 가끔 ❸ 한꺼번에 하였습니다.
	Ⓑ 잘함	Ⓑ 잘함	Ⓑ 잘함	Ⓑ 잘함	● 학습태도 ❶ 스스로 잘 ❷ 시켜서 억지로 하였습니다.
	Ⓒ 보통	Ⓒ 보통	Ⓒ 보통	Ⓒ 보통	● 학습흥미 ❶ 재미있게 ❷ 싫증내며 하였습니다.
	Ⓓ 노력해야 함	Ⓓ 노력해야 함	Ⓓ 노력해야 함	Ⓓ 노력해야 함	● 교재내용 ❶ 적합하다고 ❷ 어렵다고 ❸ 쉽다고 하였습니다.

지도 교사가 부모님께	부모님이 지도 교사께

종합평가	Ⓐ 아주 잘함	Ⓑ 잘함	Ⓒ 보통	Ⓓ 노력해야 함

D3집 121a-132a

이번 주에는 善 (착할 선), 惡 (악할 악), 長 (길 장), 短 (짧을 단)을 배워요.

이렇게 **도와** 주세요

1일차 121a~122b
- 지난 호에서 학습한 法, 道, 完, 全을 복습합니다.
- 동화를 읽고 善, 惡, 長, 短의 뜻을 이야기해 봅니다.
- 한자 카드와 받아쓰기로 앞서 배운 한자를 복습합니다.

2일차 123a~124b
- 善, 惡의 뜻, 소리, 필순, 자원, 한자어를 익힙니다.
- 惡은 두 개 이상의 뜻과 소리가 있음을 설명합니다.
  (예: 善惡 - 악할 악, 憎惡 - 미워할 오)

3일차 125a~126b
- 長, 短의 뜻, 소리, 필순, 자원, 한자어를 익힙니다.
- 長短은 구체적인 사물을 예를 들어 쉽게 이해하도록 합니다.

4일차 127a~129b
- 8세 미만의 학습자는 뜻, 소리를 읽어 내고 한자어를 이해하는데 학습목표를 두고 지도합니다.
- 한자의 여러 가지 뜻(惡-악하다, 미워하다 / 長-길다, 어른)을 이해하도록 합니다.

5일차 130a~132a
- 풀어보기를 채점하여 적당한 칭찬과 보상을 합니다.
- 한자 보따리를 흥미롭게 아이와 함께 읽어 봅니다.

다시 보기

한자를 따라 쓰고 빈 칸에 뜻과 소리를 쓰세요.

法 뜻: 소리:

道 뜻: 소리:

完 뜻: 소리:

全 뜻: 소리:

• 길 도는 道 와 道가 모두 쓰임을 기억하도록 합니다.

📝 빈 칸에 알맞은 한자를 쓰세요.

● 온전 전은 全과 全이 모두 통용됩니다.

동화를 읽고 같은 모양의 한자를 찾아 스티커를 붙이세요.

콩쥐 팥쥐

옛날에 콩쥐라는 **착한**(善) 아이가 있었어요.
그런데 새 어머니와 데려온 딸 팥쥐는 아주 심술궂고 **악한**(惡) 짓만 했어요.
궁궐에서 큰 잔치가 있는 날, 새 엄마는 팥쥐와 잔치에 나서며 말했어요.
"콩쥐야, 넌 이 독에 물을 가득 채우고, 베를 다 짜거든 잔치에 오너라."
하지만 독은 밑이 빠져 있었어요.
콩쥐가 슬픔에 빠지자 두꺼비가 독 밑을 막아 주었어요.

• 동화를 읽고 문장 속에서 쓰이는 한자의 뜻을 알아봅니다.

그런데 하루 안에 긴(長) 베를 짜기는 힘들었어요.
그 때 선녀가 나타나 베를 대신 짜 주며 말했어요.
"착한 콩쥐야, 이 옷과 꽃신을 신고 잔치에 다녀오너라.
하지만 첫 닭이 울 때까지는 꼭 돌아와야 한다."
콩쥐는 새 옷과 꽃신을 신고 궁궐로 갔어요.
눈이 부실 만큼 아름다운 콩쥐를 보자 왕자님은 한눈에 반했어요.
왕자님과 콩쥐는 밤이 새는지도 모르고 춤을 추었어요.
바로 그 때 '꼬끼오~' 하고 첫 닭이 짧게(短) 울었어요.
콩쥐는 도망치듯 나오느라 그만 꽃신 한 짝을 잃고 말았어요.
다음 날 왕자님은 신하들과 꽃신을 들고 주인을 찾으러 다녔어요.
마지막으로 콩쥐가 꽃신을 신으니 발에 딱 맞았어요.
그 후 콩쥐는 왕자님과 결혼하여 행복하게 살았답니다.

● 도입 단계이므로 배우게 될 한자에 흥미를 갖게 하고 쓰거나 암기하게 하지 않습니다.

 善 알아보기

🔊 빈 곳에 알맞은 스티커를 붙이고 한자의 뜻과 소리를 읽어 보세요.

뜻:착할   소리:선

📖 善이 만들어진 유래를 알아보고 한자 스티커를 붙이세요.

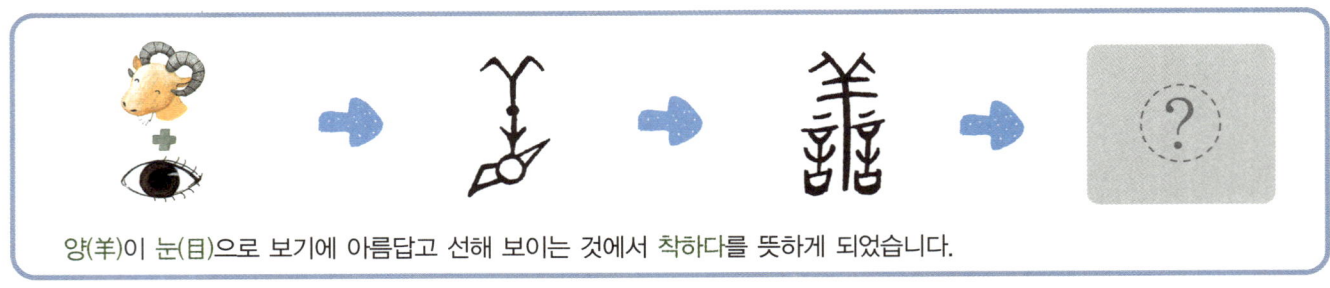

양(羊)이 눈(目)으로 보기에 아름답고 선해 보이는 것에서 착하다를 뜻하게 되었습니다.

✏️ 순서대로 써 보세요.

📝 善의 뜻, 소리, 모양을 쓰세요.

- 善은 _____ 을(를) 뜻하고, _____ 이라고 읽습니다.

- **착할 선**은 _____ 이라고 씁니다.

- _____ 은 _____ 을(를) 뜻하고, _____ 이라고 읽습니다.

📝 빈 칸에 善을 쓰고, 善이 쓰인 한자어를 익혀 보세요.

☐ 악 : 착함과 악함

☐ 행 : 착한 행동, 선량한 행실

📝 필순에 맞게 善을 써 보세요.

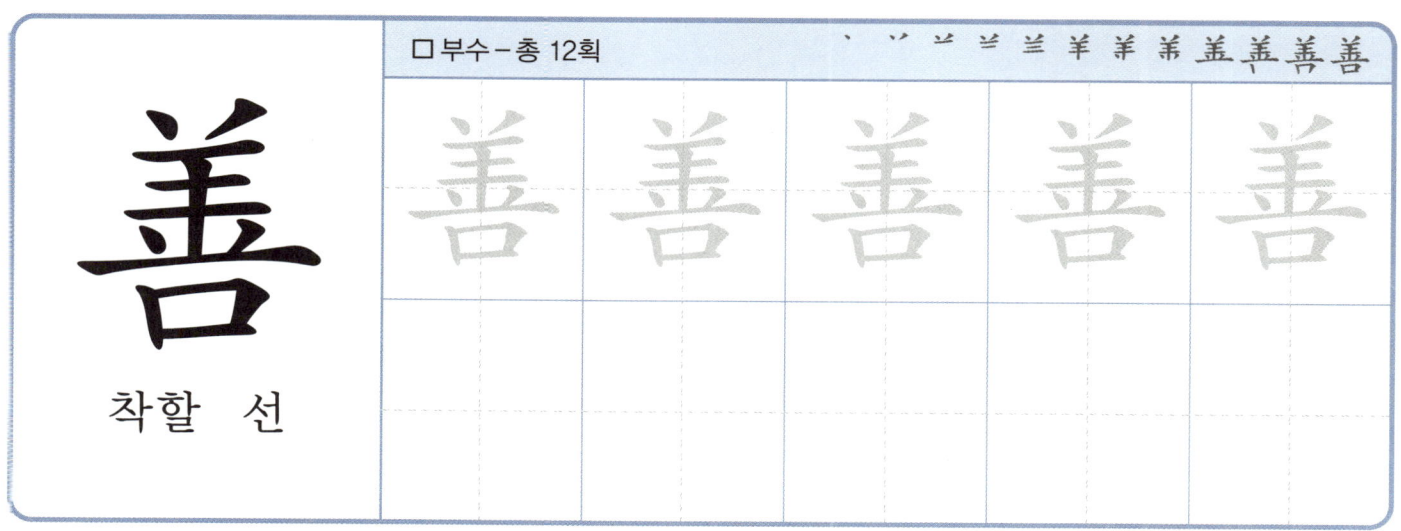

善 착할 선

□부수 – 총 12획

- 善으로 이루어진 다른 한자어도 이야기해 봅니다. 예 : 선심, 선의, 선량 등…

惡 알아보기

🔊 빈 곳에 알맞은 스티커를 붙이고 한자의 뜻과 소리를 읽어 보세요.

뜻 : 악할/미워할   소리 : 악/오

📖 惡이 만들어진 유래를 알아보고 한자 스티커를 붙이세요.

마음(心)으로 추한 것(亞:굽을 아)을 생각한다는 것에서 만들어진 한자로 악하다, 미워하다를 뜻합니다.

✏️ 순서대로 써 보세요.

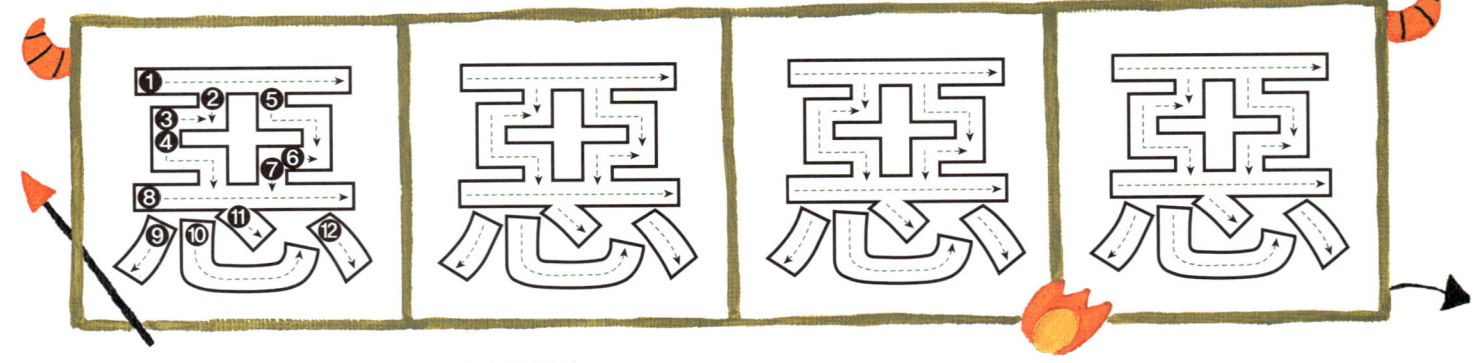

• 惡은 '악할 악' 외에 '미워할 오'로 쓰이기도 합니다. 예 : 憎惡 (증오)

✏️ 惡의 뜻, 소리, 모양을 쓰세요.

- 惡은 _____ 을(를) 뜻하고, _____ (이)라고 읽습니다.

- **악할/미워할 악/오**는 _____ (이)라고 씁니다.

- _____ 은 _____ 을(를) 뜻하고, _____ (이)라고 읽습니다.

✏️ 빈 칸에 惡을(를) 쓰고, 惡이(가) 쓰인 한자어를 익혀 보세요.

☐ 마 : 사람에게 재앙을 내리거나 나쁜 길로 유혹하는 마물

☐ 몽 : 꿈자리가 사나운 꿈, 불길한 꿈

✏️ 필순에 맞게 惡을 써 보세요.

心부수 - 총 12획

惡
악할/미워할 악/오

● 惡으로 이루어진 다른 한자어도 이야기해 봅니다. 예 : 악행, 악습, 악독, 성악설 등…

長 알아보기

🔊 빈 곳에 알맞은 스티커를 붙이고 한자의 뜻과 소리를 읽어 보세요.

뜻: 길/어른 소리: 장

📖 長이 만들어진 유래를 알아보고 한자 스티커를 붙이세요.

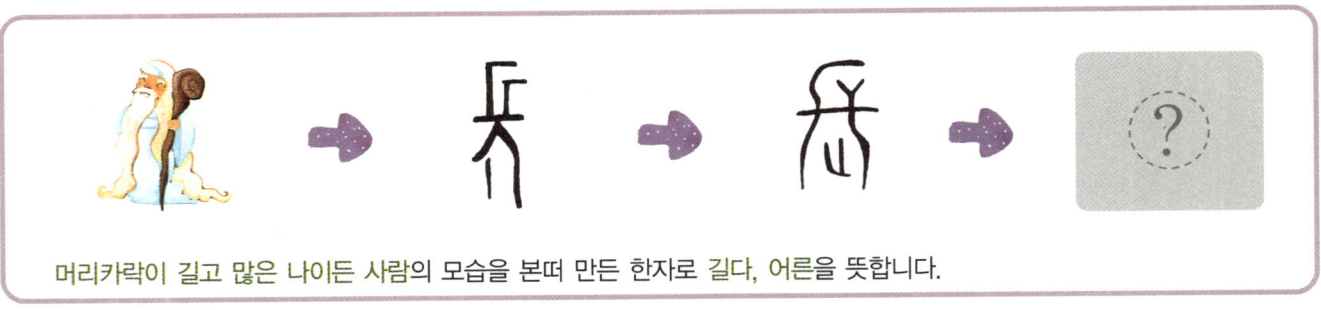

머리카락이 길고 많은 나이든 사람의 모습을 본떠 만든 한자로 길다, 어른을 뜻합니다.

✏️ 순서대로 써 보세요.

• 長의 필순은 ⼀ ⼁ ⼓ 토 튼 톤 長 으로 쓰기도 합니다.

📝 長의 뜻, 소리, 모양을 쓰세요.

- 長은 _____ 을(를) 뜻하고, _____ 이라고 읽습니다.

- 길/어른 장은 _____ 이라고 씁니다.

- _____ 은 _____ 을(를) 뜻하고, _____ 이라고 읽습니다.

📝 빈 칸에 長을 쓰고, 長이 쓰인 한자어를 익혀 보세요.

☐ 검 : 무기로 쓰던 긴 칼

사 ☐ : 회사의 대표자

📝 필순에 맞게 長을 써 보세요.

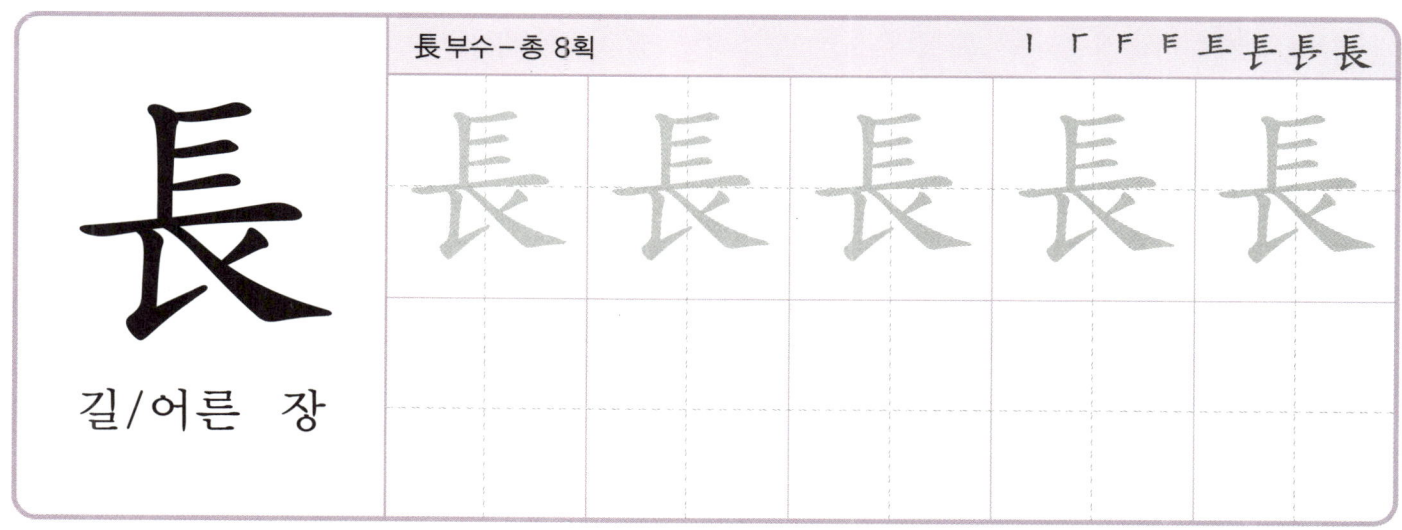

- 長은 '길다' 외에 '어른, 장점' 등의 뜻으로 쓰입니다.

短 알아보기

🔊 빈 곳에 알맞은 스티커를 붙이고 한자의 뜻과 소리를 읽어 보세요.

뜻: **짧을** 소리: **단**

📘 短이 만들어진 유래를 알아보고 한자 스티커를 붙이세요.

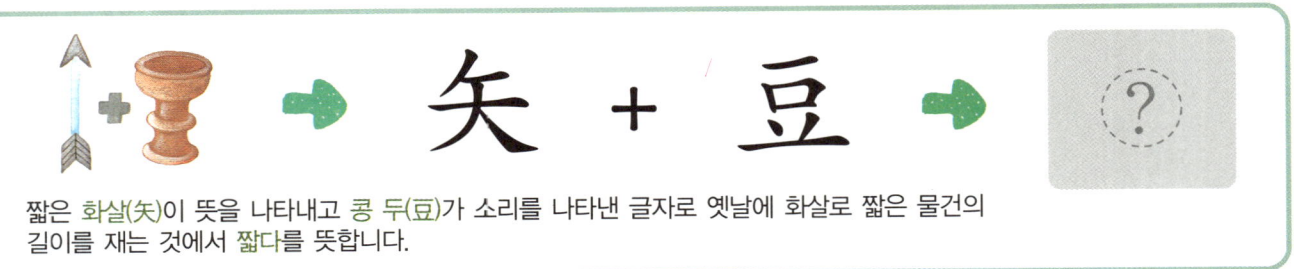

짧은 화살(矢)이 뜻을 나타내고 콩 두(豆)가 소리를 나타낸 글자로 옛날에 화살로 짧은 물건의 길이를 재는 것에서 **짧다**를 뜻합니다.

✏️ 순서대로 써 보세요.

● 短은 矢(화살 시)를 쓸 때 失(잃을 실)이 되지 않도록 유의합니다.

📝 短의 뜻, 소리, 모양을 쓰세요.

- 短은 _____을(를) 뜻하고, _____이라고 읽습니다.

- 짧을 단은 _____이라고 씁니다.

- _____은 _____을(를) 뜻하고, _____이라고 읽습니다.

📝 빈 칸에 短을 쓰고, 短이 쓰인 한자어를 익혀 보세요.

장 [ ] : 길고 짧음, 긴 것과 짧은 것

[ ] 명 : 짧은 목숨, 또는 목숨이 짧음

📝 필순에 맞게 短을 써 보세요.

矢부수 – 총 12획

丿 一 ㄏ 上 午 矢 矢 矢 矢 短 短 短 短

短 짧을 단

短 短 短 短 短

- 短은 長의 반대되는 뜻을 지닌 한자입니다.

빈 곳에 스티커를 붙여 그림을 완성하고 알맞게 연결하세요.

자원을 보고 빈 칸에 알맞게 쓰세요.

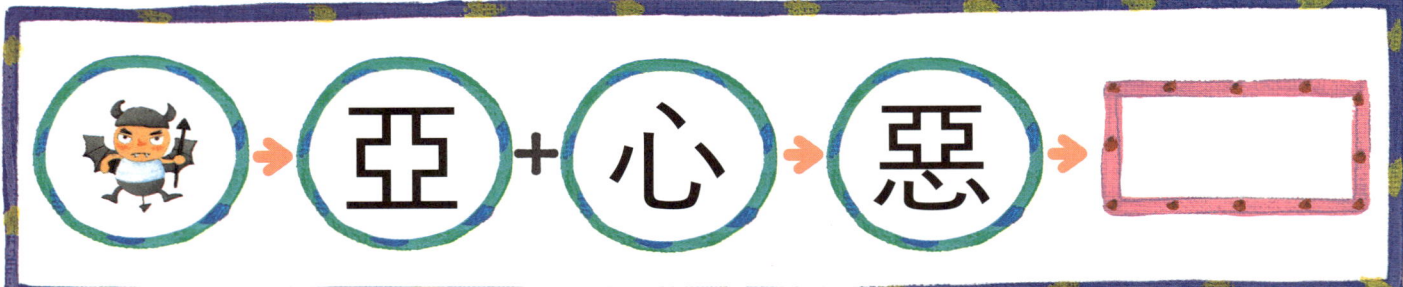

한자를 필순에 맞게 쓰세요.

• 惡의 필순에 유의하며 한자를 씁니다.

〈보기〉에서 알맞은 한자어를 찾아 쓰세요.

___善의___ : 착한 마음, 좋은 뜻

親善 : 친밀하고 사이가 좋음

___惡당___ : 악하고, 흉악한 무리

_____ : 남을 해치려는 나쁜 마음

_____ : 키가 큰 몸, 또는 그런 몸을 가진 사람

_____ : 짤막한 칼

〈보기〉　惡의　長身　短劍　善의　친善　惡당

동화를 읽고 〈보기〉에서 알맞은 한자를 찾아 쓰세요.

천사와 악마

착한 [　] 일을 하는 천사 와 나쁜 [惡] 일을 하는 악마 가 함께 살았어요.

그런데 천사가 무슨 일을 하려고 할 때마다 악마가 쫓아와서 방해를 했어요.

"이러다가 우리 천사는 없어지게 될 거야. 악마는 너무 힘 [　] 이 세서

우리 힘으론 도저히 이길 수 없으니까."

그래서 천사들은 하늘 [　] 나라에 올라가서 하느님 을 만났어요.

"하느님, 저희들은 사람들 과 함께 오래오래 살고 싶어요.

그런데 긴 [　] 뿔이 달린 악마들에게 쫓겨 다니기만 합니다.

저희들이 사람들과 살 수 있는 방법 [　][　] 을 가르쳐 주세요."

하느님이 인자한 얼굴 [　] 로 대답했어요.

"어리석구나! 너희들이 한데 몰려 다니니까 악마들이 쉽게 찾는 거다.

그러니 따로 떨어져서 다니면 되지 않겠느냐!"

그 후로 천사들은 전처럼 몰려다니지 않고 따로따로 떨어져서 다녔어요.

그래서 지금도 악마가 하는 못된 일은 눈에 잘 보이지만,

천사가 하는 착한 일은 눈에 잘 보이지 않는답니다.

〈보기〉 善 力 惡 天 方 長 法 面

● 한자의 뜻과 소리를 쓰세요.

長 뜻: _____ 소리: _____

短 뜻: _____ 소리: _____

善 뜻: _____ 소리: _____

惡 뜻: _____ 소리: _____

● 바르게 연결하세요.

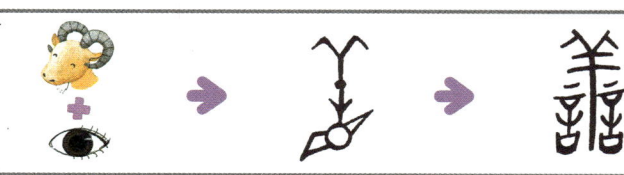 · · 長

 · · 惡

 · · 短

 · · 善

● 빈 칸에 알맞은 한자를 쓰세요.

　　*백마를 타고 [장]　[검]검 을 휘두르며 적진에 뛰어들었습니다.

　　*꿈 속에 무서운 [악]　[마]마 가 나타났습니다.

　　*우리 사회에서는 아무도 모르게 [선]　[행]행 을 베푸는 사람들이 있습니다.

　　*그 작가는 [단]　[명]명 했다.

● 뜻·소리에 알맞은 한자를 쓰세요.

착할 선								
악할/미워할 악/오								
길/어른 장								
짧을 단								

 漢字 보따리

문방사우 3

● 글씨를 쓰는 소재 ●

종이가 발명되기 이전에는 어디에 글자를 썼을까요?

글씨를 쓸 수 있는 소재에 대해 알아보겠습니다.

처음에는 돌이나 짐승의 뼈가 이용되었습니다.

암벽에 쓰여진 글자나 갑골문 등이 이에 해당됩니다.

다음으로 청동이나 쇠에 글자를 쓰기 시작했습니다.

그 후에 이용된 소재는 대나무를 얇게 잘라서 판판한 면에 글자를 썼습니다.

책이란 뜻의 한자(冊)도 바로 대나무판을 이은 모양을 본떠 만든 한자입니다.

종이가 발명되기 이전까지는 가장 많이 쓰인 소재가 바로 이 대나무 또는 다른 나무에 쓴 한자입니다.

이후에는 사람들은 비단에 글을 쓰거나 그림을 많이 그렸습니다.

비단은 대나무나 다른 나무보다 부드럽고 가벼웠으므로 멀리 편지를 보낸다거나

아름다운 그림을 그릴 때 많이 사용되었다고 합니다.

－계속－

 해답

 D3집 121a-132a

121a

121b

123a

123b

124a

124b

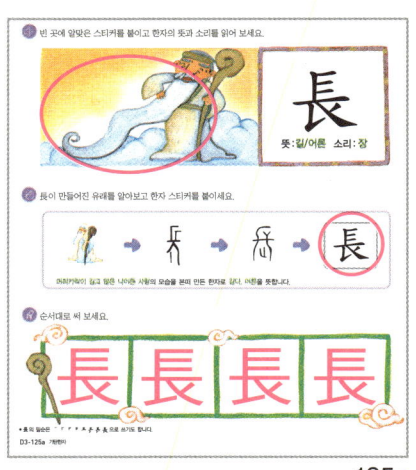
125a

125b

126a

기탄한자 D3-131b

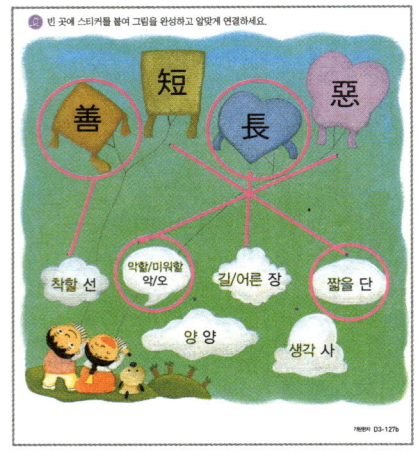

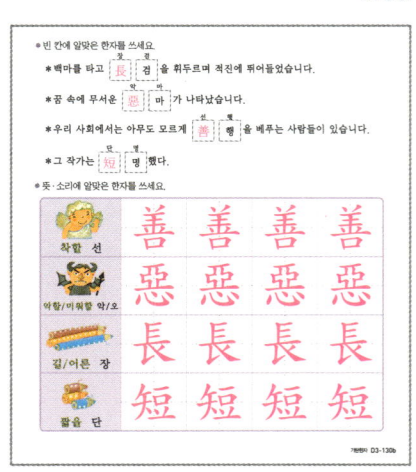

惡	善
악할/미워할 악/오	착할 선
短	長
짧을 단	길/어른 장

善行

惡夢

長劍

長短

악몽

꿈자리가 사나운 꿈.
불길한 꿈

惡 : 악할 악 / 미워할 오   夢 : 꿈 몽

선행

착한 행동.
선량한 행실

善 : 착할 선   行 : 다닐 행 / 항렬 항

장단

길고 짧음.
긴 것과 짧은 것

長 : 길/어른 장   短 : 짧을 단

장검

무기로 쓰던 긴 칼

長 : 길/어른 장   劍 : 칼 검

기탄한자 **D3**집 121a~132a

122a
善
착할 선

惡
악할/미워할 악/오

122b
長
길/어른 장

短
짧을 단

123a
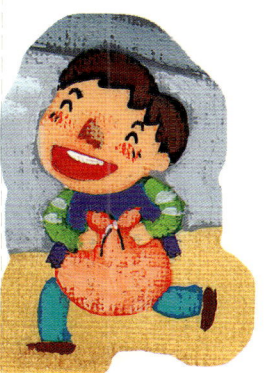

善

124a

惡

125a

長

126a

短

127b

善 | 長 | 악할/미워할 악/오 | 짧을 단

펴낸이 : 정지향
펴낸곳 : (주)기탄교육
기획·편집·디자인 : 기탄교육연구소
주소 : 06698 서울특별시 서초구 효령로 40 기탄출판센터
등록 : 제2000-000098호
전화 : (02) 586-1007
팩스 : (02) 586-2337

※서점에 갈 시간이 없거나 구하기 어려운 분은 인터넷 또는 전화로 신청하세요. 즉시 우송해 드립니다.
● www.gitan.co.kr

ⓒ (주)기탄교육 All rights reserved.
저작권자의 동의 없이 본 교재를 무단으로 복제하거나 전재하는 것을 금합니다.

받아쓰기

● 엄마가 뜻·소리를 부르고 아이가 한자를 써 보도록 합니다.

11호에서 배운 한자를 다시 한번 써 보세요.

善	善	善	善	善	善
착할 선					

惡	惡	惡	惡	惡	惡
악할/미워할 악/오					

長	長	長	長	長	長
길/어른 장					

短	短	短	短	短	短
짧을 단					

D3집
133a-144a

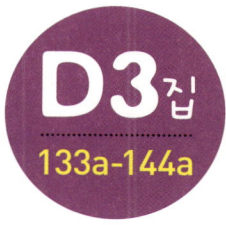

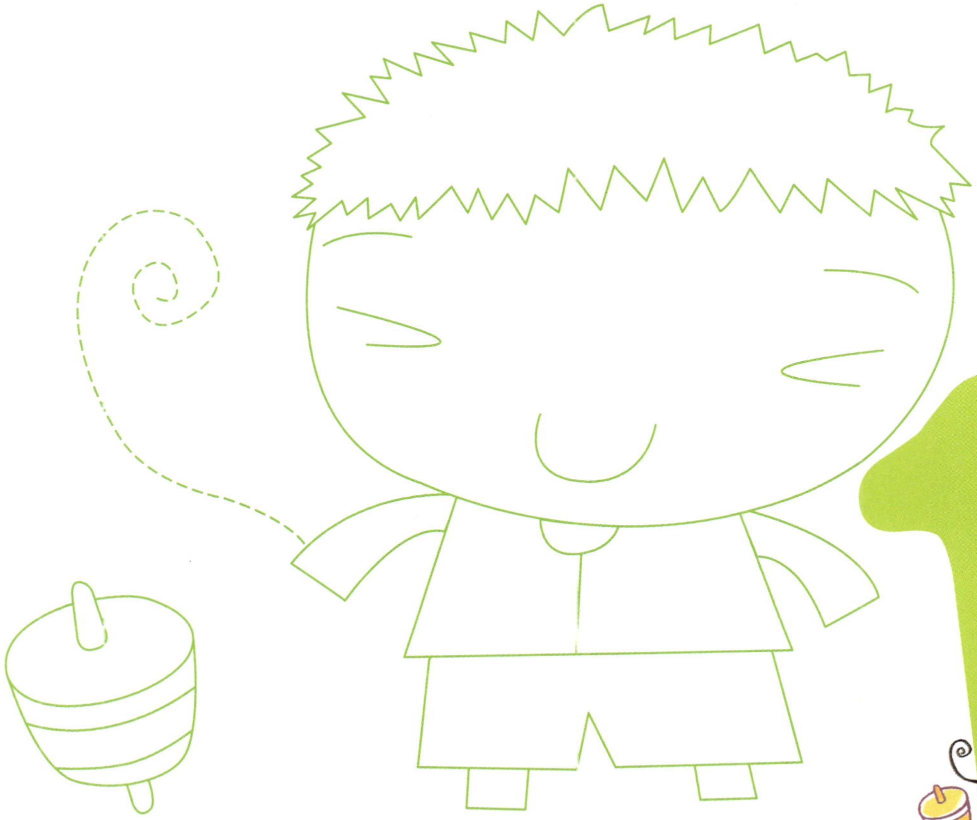

12호

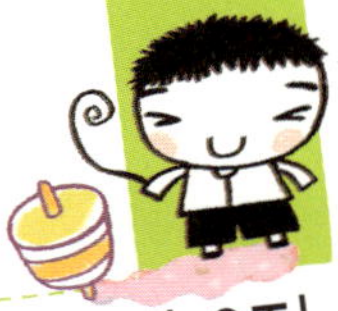

기탄한자 D단계 3집 133a~144a

그림으로 익히고 놀이로 기억하는 입체 한자 학습 프로그램

기탄 한자

D3집
12호
133a-144a

공부한 날   월 일 ~   월 일
            (원)교   반
이름   전화

www.gitan.co.kr

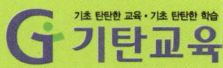

기초 탄탄한 교육·기초 탄탄한 학습
기탄교육

 **D단계에서 배울 한자입니다.**

	D단계						
1집	靑, 赤, 音, 色	2집	公, 平, 意, 思	3집	前, 後, 走, 止	4집	世, 界, 國, 家
	住, 所, 姓, 名		老, 弱, 貧, 富		法, 道, 完, 全		東, 西, 見, 聞
	利, 用, 有, 無		正, 直, 忠, 孝		善, 惡, 長, 短		南, 北, 兒, 童
	복습		복습		복습		복습

※ 매주마다 학습한 한자를 누적하여 읽어 보세요.

학습진단관리표

	훈음 읽기	훈음 쓰기	한자 쓰기	한자어 읽기
금주평가	Ⓐ 아주 잘함	Ⓐ 아주 잘함	Ⓐ 아주 잘함	Ⓐ 아주 잘함
	Ⓑ 잘함	Ⓑ 잘함	Ⓑ 잘함	Ⓑ 잘함
	Ⓒ 보통	Ⓒ 보통	Ⓒ 보통	Ⓒ 보통
	Ⓓ 노력해야 함	Ⓓ 노력해야 함	Ⓓ 노력해야 함	Ⓓ 노력해야 함

이번 주는?

- 학습방법 ❶ 매일매일 ❷ 가끔 ❸ 한꺼번에 하였습니다.
- 학습태도 ❶ 스스로 잘 ❷ 시켜서 억지로 하였습니다.
- 학습흥미 ❶ 재미있게 ❷ 싫증내며 하였습니다.
- 교재내용 ❶ 적합하다고 ❷ 어렵다고 ❸ 쉽다고 하였습니다.

지도 교사가 부모님께 | 부모님이 지도 교사께

| 종합평가 | Ⓐ 아주 잘함 | Ⓑ 잘함 | Ⓒ 보통 | Ⓓ 노력해야 함 |

이번 주에는 **D9, D10, D11호**에서 배운 한자를 복습해요.

 133a~134b
- D3집에서 배운 12자의 뜻, 소리를 읽어 봅니다.
- 모르는 한자 위주로 복습합니다.
- 한자 주사위 놀이로 아이와 놀아 줍니다.

 135a~136a
- D10호에서 익힌 한자의 뜻, 소리, 자원, 한자어를 복습합니다.
- 法, 道, 完, 全의 자원을 다시 한 번 이해하도록 합니다.

 136b~137b
- D11호에서 익힌 한자의 뜻, 소리, 자원, 한자어를 복습합니다.
- 善과 惡, 長과 短은 서로 상대적인 개념임을 다시 한 번 기억하도록 지도합니다.

 138a~140b
- D3집에서 배운 12자를 여러 가지 방법을 활용해서 학습하도록 합니다.
- 139a, 139b는 퍼즐 모양이나 색깔 보다는 뜻, 소리를 위주로 학습하도록 합니다.

 141a~144a
- 형성평가를 절취선을 따라 잘라서 부모님이 시간을 재어 주시면 좀 더 정확한 실력 점검을 할 수 있습니다
- 형성평가 결과에 따라 적절한 보상과 동기 유발을 해 줍니다.

복습해요

한자의 뜻과 소리를 말해 보세요.

● D3집 9호, 10호, 11호에서 배운 한자의 뜻과 소리를 복습합니다. 모르는 한자를 위주로 지도합니다.

 前 後 走 止

어떤 한자를 배웠나요? 같은 모양의 한자 스티커를 붙이고 뜻과 소리를 쓰세요.

前 — 뜻: 앞 소리: 전

後 — 뜻: 소리:

走 — 뜻: 소리:

止 — 뜻: 소리:

• D3집 9호에서 배운 한자를 복습합니다. 10세 이상의 학습자는 스티커를 붙이지 않고 따라 쓰고 난 후 뜻·소리를 써도 무방합니다.

빈 칸에 알맞은 한자를 쓰세요.

 이모의 결혼식은 오 [오] [전] 11시 30분에 시작되었다.

 게으르고 식 [식] [후] 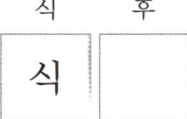 매일 잠만 자던 게으름뱅이는 소가 되었어요.

 "거북아, 거북아, 느림보 거북아! 나랑 경 [경] [주] 走 해 볼래?"

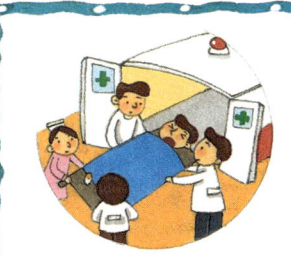 비상시에는 [지] [혈] 혈 이나 응급처치가 매우 중요합니다.

● 食後, 止血은 모두 앞서 배운 한자이므로 食後, 止血로 표기해 보도록 합니다.

한번 더! 法 道 完 全

어떤 한자를 배웠나요? 같은 모양의 한자 스티커를 붙이고 뜻과 소리를 쓰세요.

法	뜻:　　　소리:

道	뜻:　　　소리:

全	뜻:　　　소리:

完	뜻:　　　소리:

• D3집 10호에서 배운 한자를 복습합니다. '길 도'의 모양은 道, 道 두 가지 모두 쓰입니다.

어떤 한자일까요? 빈 칸에 알맞은 한자를 쓰세요.

✏️ 빈 칸에 알맞은 한자를 쓰세요.

삼촌은 오늘 [법][률] 공부를 하려고 외국으로 떠난다.

나는 여름 방학 때 가족들과 [전][국]을 여행할 것이다.

"눈동자를 그려 용을 [완][성]하는 순간 용은 하늘로 날아가 버릴 것이오."

우리나라에 가장 긴 고속 [도][로]는 서울-부산간 경부 고속도로이다.

法 道 完 全

 善 惡 長 短

어떤 한자를 배웠나요? 같은 모양의 한자 스티커를 붙이고 뜻과 소리를 쓰세요.

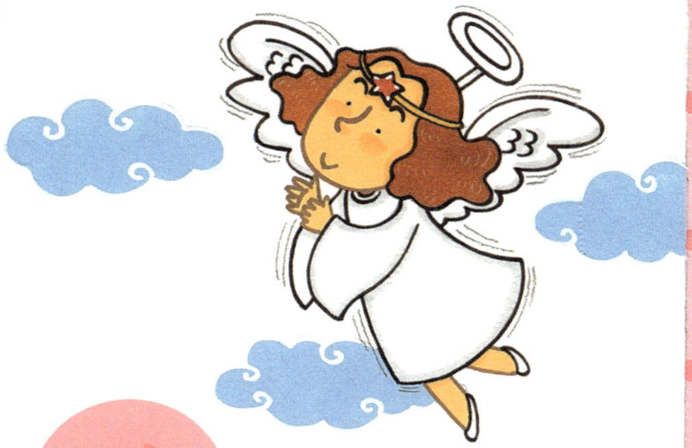

善   뜻: 소리:

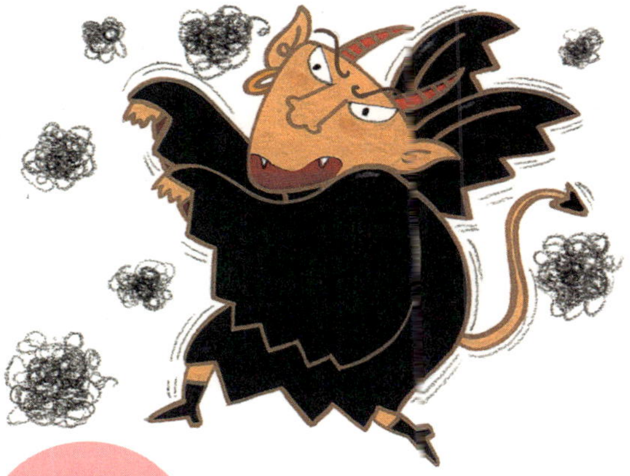

惡   뜻: 소리:

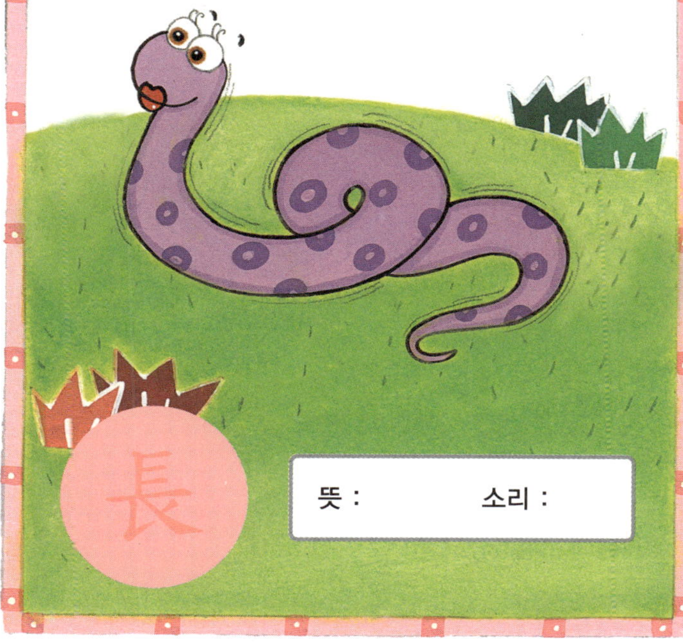

長   뜻: 소리:

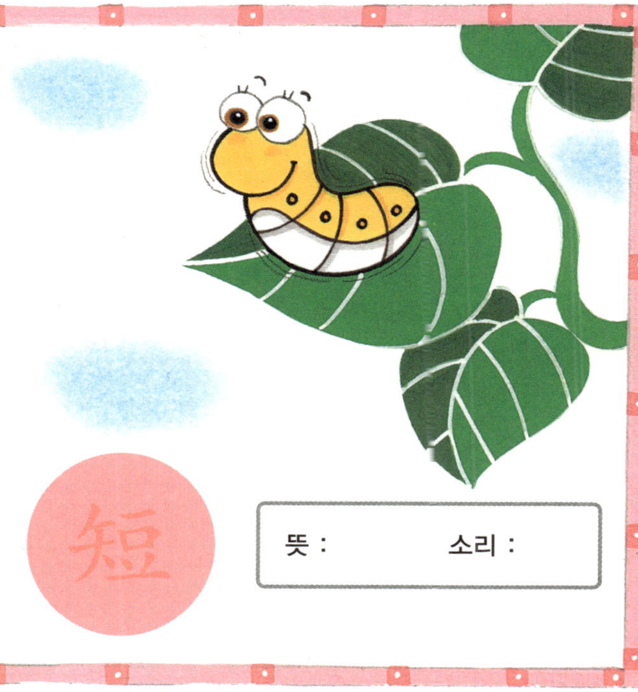

短   뜻: 소리:

● D3집 11호에서 배운 한자를 복습합니다.

📝 빈 칸에 알맞은 한자를 쓰세요.

우리 주위에는 보이지 않는 곳에서 [선]□[행]행 을 실천하는 사람들이 많이 있습니다.

어젯밤 꿈에 [악]□[마]마 가 나타났다.

[장]□[검]검 을 허리에 찬 충무공 동상이 광화문을 지키고 있다.

천재적 음악가인 베토벤은 [단]□[명]명 했다.

善　惡　短　長

● 善행, 천재는 모두 앞서 배운 한자이므로 善行, 天才로 표기할 수 있도록 합니다.

📝 동화를 읽고 빈 칸에 알맞은 한자를 쓰세요.

판도라의 상자

판도라라는 여자가 있었어요.

판도라는 여러 신들이 정성을 다해 만든 아름다운 여자였어요.

어느 날, 신들의 왕 제우스가 판도라에게 조그만 상자 하나를 주며 말했어요.

"판도라야, 이 상자를 절대로 열어 봐서는 안 된다."

그 후 後 판도라는 에피메테우스와 결혼했어요.

하지만 가끔씩 제우스가 준 조그만 상자 생각을 완전 ☐☐ 히 지울 수는 없었어요.

'그 속에 무엇이 들어 있을까? 무엇 때문에 제우스님이 열어 보지 말라고 하셨을까?'

前
後
走
止
法
道

날이 갈수록 판도라는 궁금해서 견딜 수가 없었어요.

마침내 호기심을 견디지 못하고 그 상자를 살짝 열었어요.

'앗!'

판도라는 깜짝 놀라 뒤로 도망갔어요.

상자 속에 숨어 있던 슬픔과 질병, 가난과 전쟁, 증오와 시기 등

온갖 악☐이 밖☐으로 쏟아져 나와 여기 저기로 흩어졌기 때문이에요.

판도라는 재빨리 정신을 차리고 다시 상자 뚜껑을 닫았어요.

하지만 그때는 이미 상자 안에 있던 것이 거의 다 날아간 뒤였어요.

상자 안☐에는 이제 '희망' 하나만 남아 있었어요.

그래서 판도라의 상자란 사람들의 불행과 희망의 시작을 상징하게 되었답니다.

完全善惡內外

다지기

🖊 퍼즐이 완성 되도록 그림을 찾아 연결하고 빈 칸에 알맞게 쓰세요.

| 前 | 後 | 走 | 止 | 法 | 道 |

| 길 | 법 | 그칠 | 앞 | | 달릴 |

| 전 | 후 | 주 | 지 | 법 | |

• 퍼즐 색깔로 답을 구분하지 않고 모양과 뜻·소리를 찾아 학습하도록 합니다.

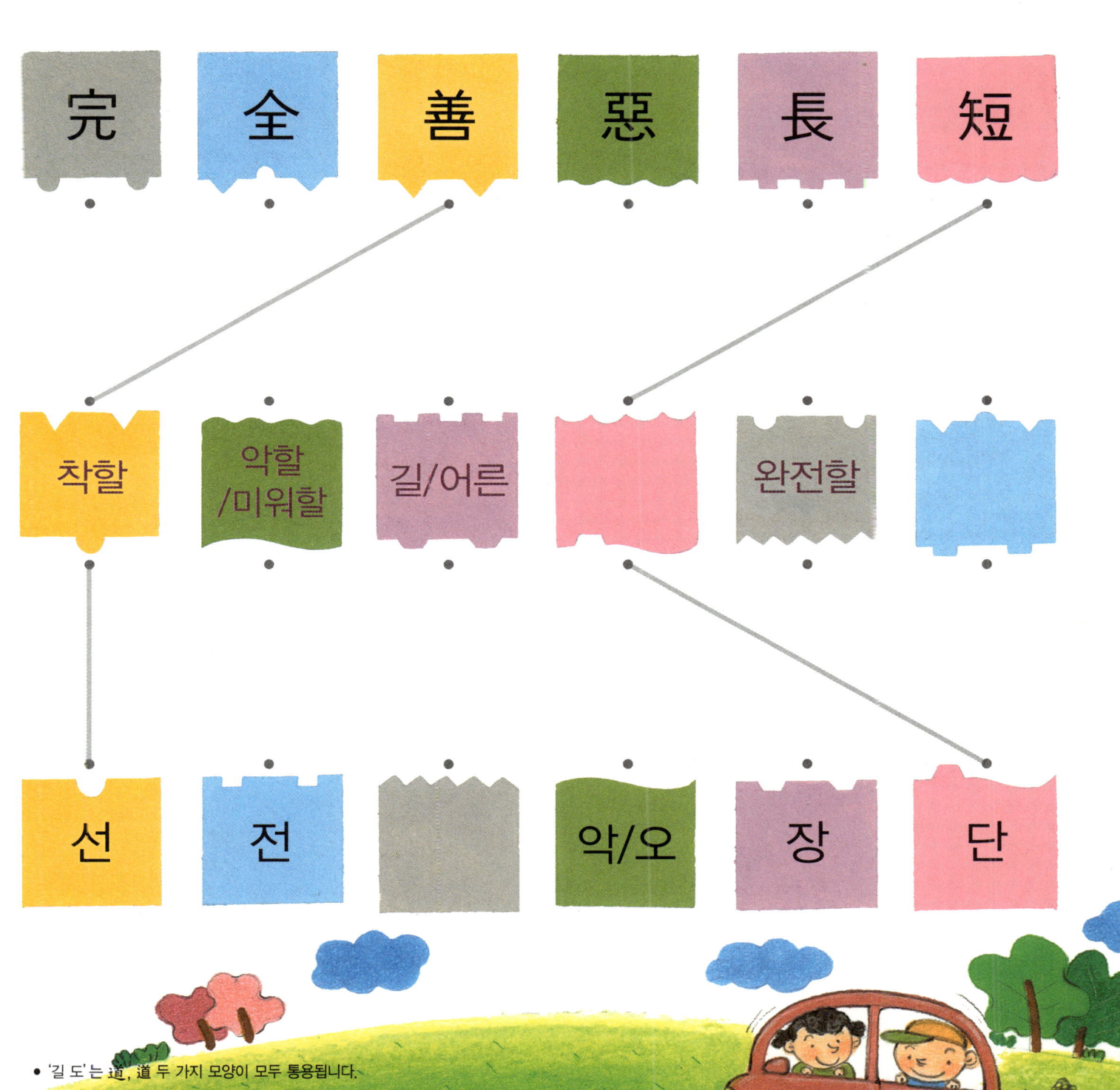

빈 곳에 스티커를 붙이고 알맞은 뜻과 소리를 쓰세요.

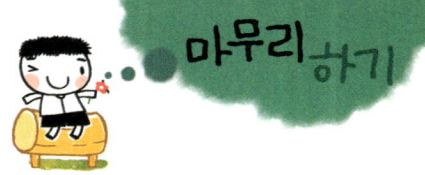

마무리하기

빈 칸에 뜻과 소리를 쓰고 필순에 맞게 한자를 쓰세요.

 前 앞 전	前
	丶 丷 亠 亣 方 方 首 前 前
 後	後
	丿 彳 彳 彳 彳 彳 彳 後 後
 走	走
	一 十 土 キ キ 走 走
 止	止
	丨 𠄌 止 止

빈 칸에 뜻과 소리를 쓰고 필순에 맞게 한자를 쓰세요.

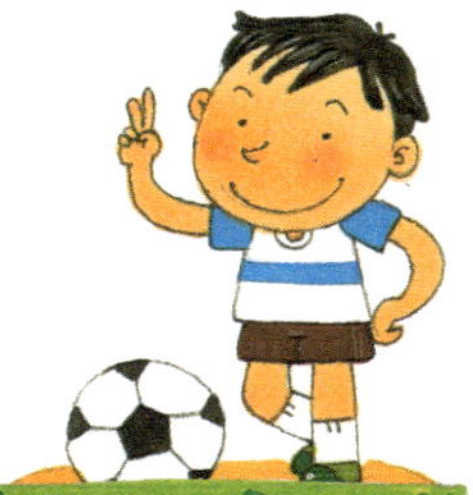

빈 칸에 뜻과 소리를 쓰고 필순에 맞게 한자를 쓰세요.

善	善			
	丶 丷 䒑 兰 兰 羊 羊 羊 盖 善 善 善			
惡	惡			
	一 丅 丅 亞 亞 亞 亞 亞 亞 惡 惡 惡			
長	長			
	丨 厂 F F 王 镸 镸 長			
短	短			
	丿 𠂉 𠂉 午 矢 矢 矢 知 知 知 短 短			

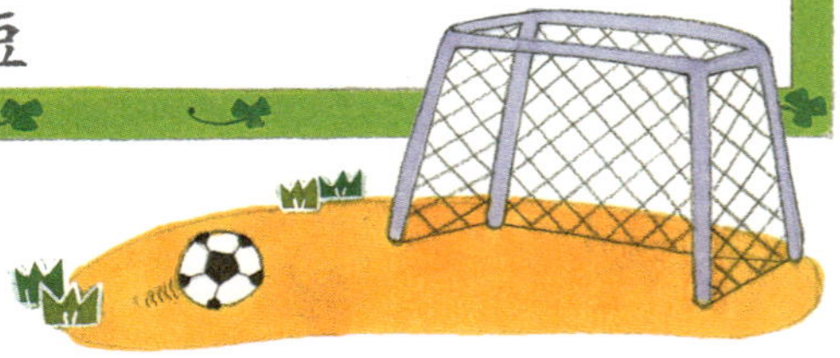

• 長은 一 厂 F F 王 镸 镸 長 의 순으로도 씁니다.

# 형성평가

얼마나 알고 있나요?

평가일	년 월 일	
소 요 시 간	시 분 ~ 시 분	
평가결과	28~36문항	아주 잘 했어요. D4집 13호를 학습하세요.
	19~27문항	틀린 한자를 다시 익혀요.
	18문항 이하	D3집을 복습해요.

● 한자의 뜻과 소리를 쓰세요.

1. 前
   뜻: 소리:

2. 後
   뜻: 소리:

3. 完
   뜻: 소리:

4. 全
   뜻: 소리:

5. 法
   뜻: 소리:

6. 道
   뜻: 소리:

7. 走
   뜻: 소리:

8. 止
   뜻: 소리:

9.  善
   뜻: 소리:

10. 惡
    뜻: 소리:

11. 長
    뜻: 소리:

12. 短
    뜻: 소리:

● 선을 따라 잘라서 풀어 보세요.

● 빈 칸에 알맞은 한자를 쓰세요.

13. 그칠 지

14. 달릴 주

15. 뒤 후

16. 앞 전

17. 법 법

18. 길 도

19. 완전할 완

20. 온전 전

21. 짧을 단

22. 길/어른 장

23. 악할/미워할 악/오

24. 착할 선

前　善　走　短　法　道　全　後　惡　止　長　完

● 빈 칸에 알맞은 한자를 쓰세요.

25. 오 전 / 오 □
26. 도 로 / □ 로
27. 장 단 / 장 □
28. 금 지 / 금 □
29. 완 승 / □ 승
30. 식 후 / 식 □
31. 법 원 / □ 원
32. 안 전 / 안 □
33. 선 행 / □ 행
34. 악 마 / □ 마
35. 장 검 / □ 검
36. 경 주 / 경 □

完 善 短 法 走 止 全 後 惡 道 長 前

기탄한자 D3-143b

해답

133b

134a

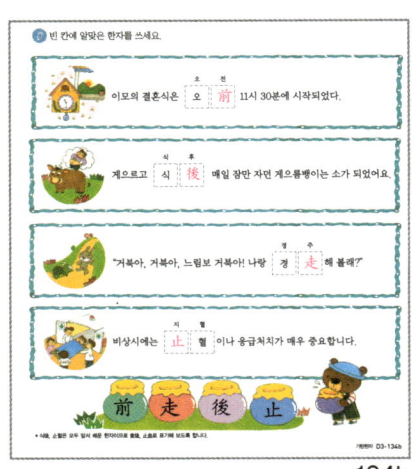
134b

135a

135b

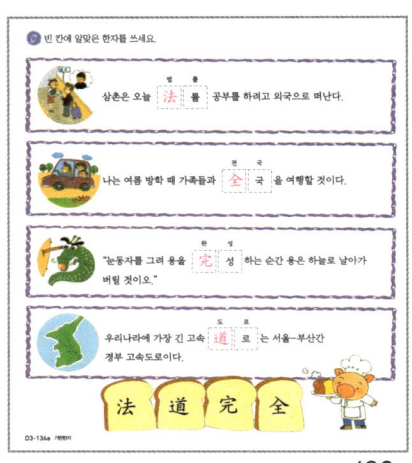
136a

136b

137a

137b

D3-144a 기탄한자

기탄한자 D3집 부교재 **한자 주사위 놀이**

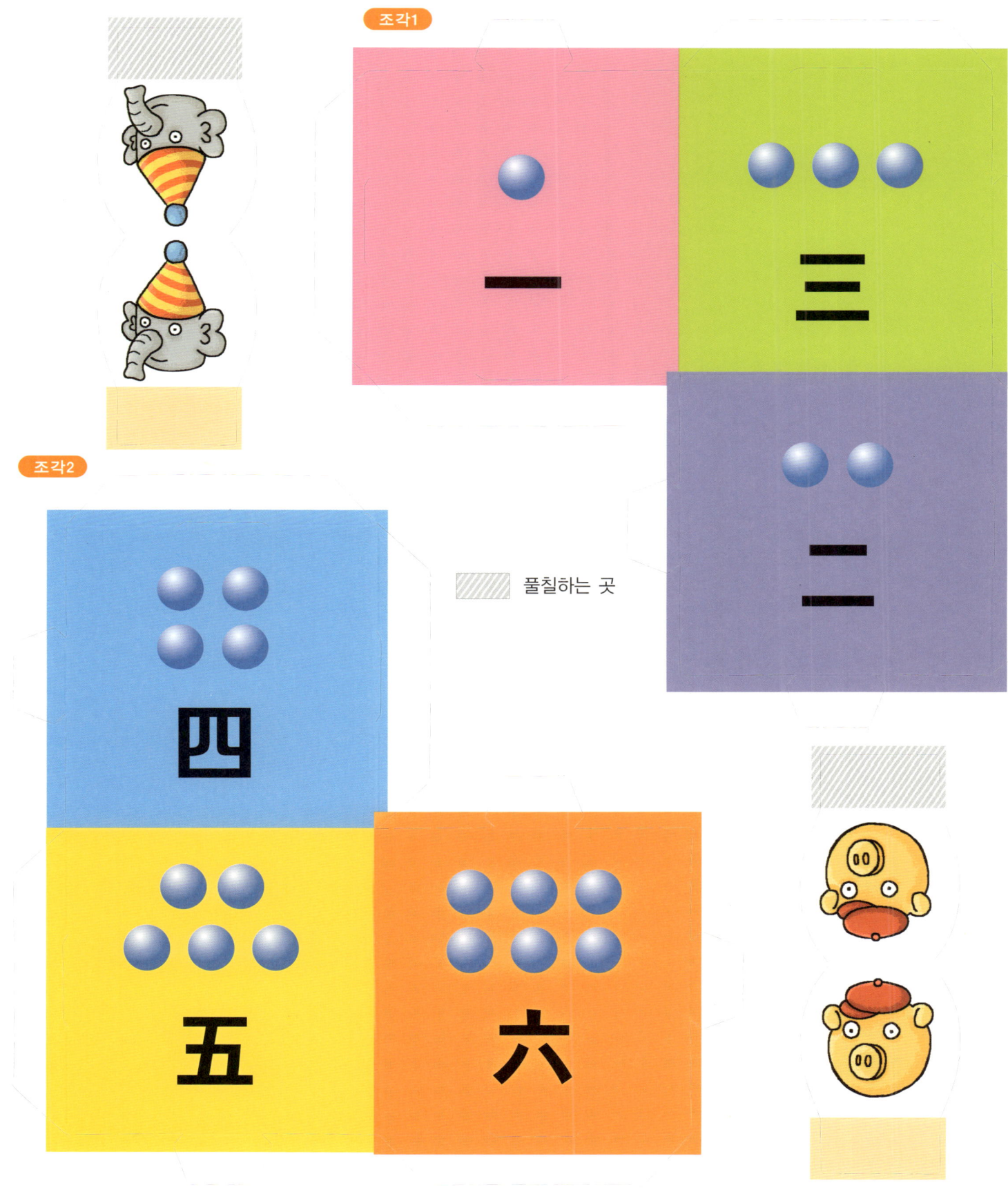

조각1

조각2

풀칠하는 곳

● 조각1 과 조각2 를 맞추어 주사위를 만들어요. D3집 12호 간지에 실린 한자 주사위 놀이 방법을 활용해서 아이와 함께 놀아 주세요.

기탄한자 D3집

주사위 놀이판

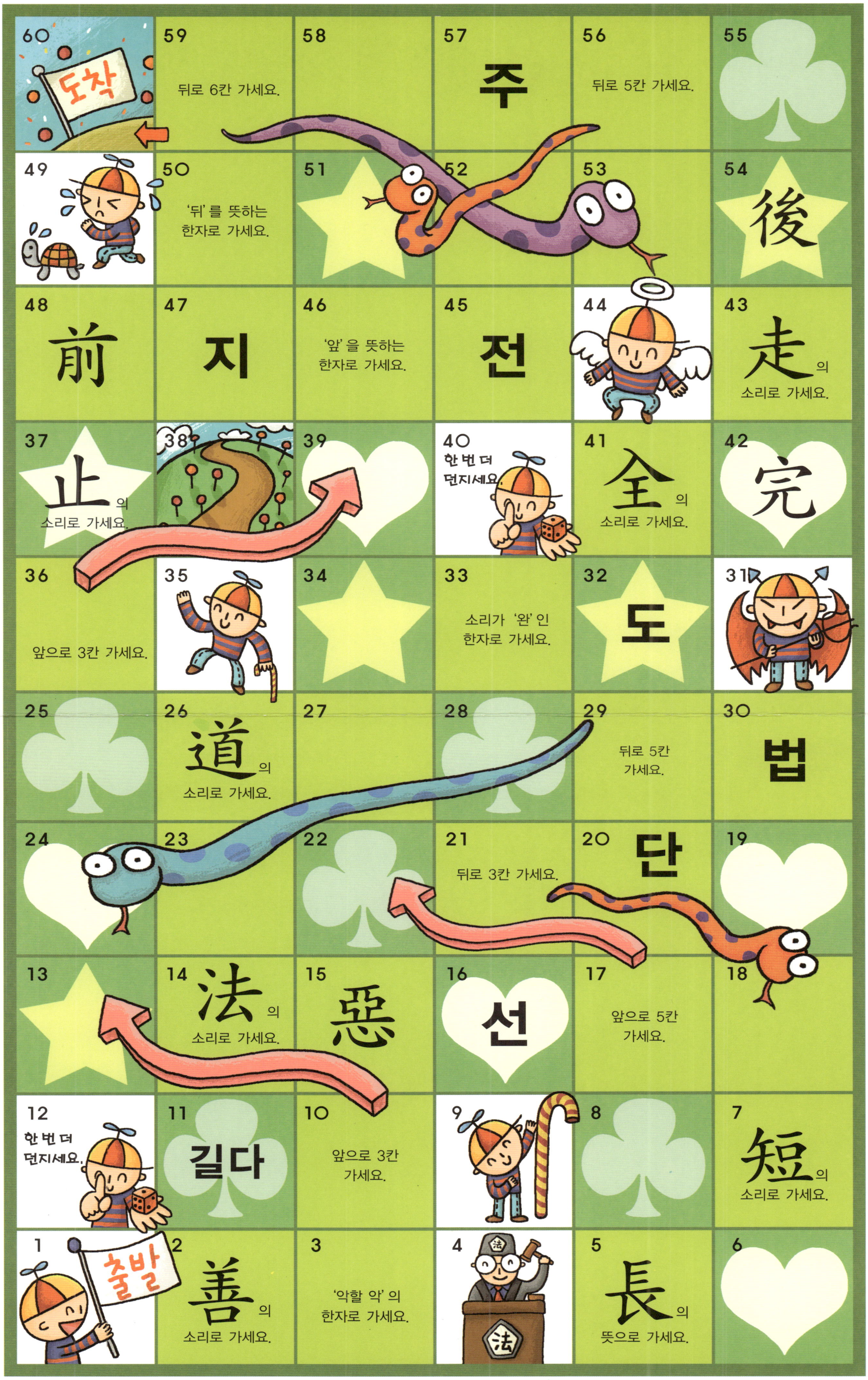

놀이방법

1. 조각1 과 조각2 를 맞추어 주사위를 만들어요.
2. 가위 바위 보를 하여 순서를 정해요.
3. 각각의 말을 정해요.
4. 1에서부터 출발하여 한자 주사위에 나온 수만큼 말을 옮겨요.
5. 주사위 놀이판에 쓰인 지시대로 말을 옮겨요.
6. 60에 먼저 도착한 사람이 이겨요.

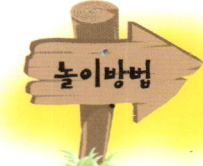

기탄한자 **D3**집 133a~144a

133b

| 前 | 後 | 走 | 止 |

135a

| 法 | 道 | 全 | 完 |

136b

| 善 | 惡 | 長 | 短 |

140a

140b

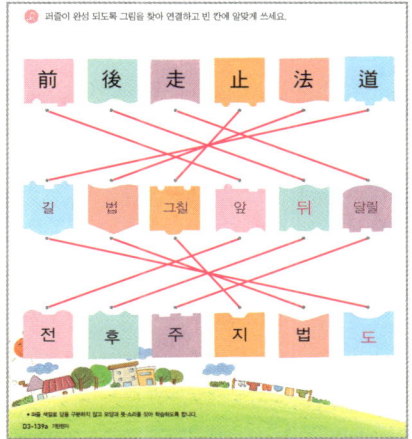
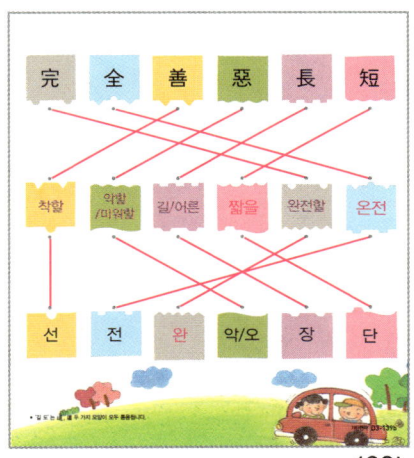

펴낸이 : 정지향
펴낸곳 : (주)기탄교육
기획·편집·디자인 : 기탄교육연구소
주소 : 06698 서울특별시 서초구 효령로 40 기탄출판센터
등록 : 제2000-000098호
전화 : (02) 586-1007
팩스 : (02) 586-2337

※서점에 갈 시간이 없거나 구하기 어려운 분은 인터넷 또는 전화로 신청하세요. 즉시 우송해 드립니다.
● www.gitan.co.kr

ⓒ (주)기탄교육 All rights reserved.
저작권자의 동의 없이 본 교재를 무단으로 복제하거나 전재하는 것을 금합니다.

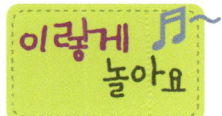

한자 주사위 놀이

한자 학습의 기본은 한자의 3요소를 익히는 것에서 출발합니다.
뜻, 소리, 모양을 충분히 익힌 후, 생활 속에서 기억할 수 있는 방법을 찾아 놀아 주세요.
한자 주사위와 말, 놀이판을 만들어 엄마와 아이가 재미있게 게임을 하면서 학습할 수 있는 놀잇감입니다.

1 12호의 부교재를 오려 주사위와 말, 놀이판을 만들어요.

2 엄마와 아이가 가위바위보를 하여 순서를 정해서 번갈아 주사위를 던져요.

3 주사위를 던져 나온 수만큼 말을 옮겨요.

4 60번에 먼저 도착한 사람이 이겨요.

• 제시된 놀이 방법 이외에도 재미있는 방법으로 익히도록 합니다.

기획·편집·디자인 기탄교육연구소
주소 06698 서울특별시 서초구 효령로 40 기탄출판센터 | **전화** (02) 586-1007 | **팩스** (02) 586-2337
ⓒ (주)기탄교육 All rights reserved. 본 교재의 저작에 관한 모든 권리는 (주)기탄교육에 있습니다. 저작권자의 동의 없이 본 교재를 무단으로 복제하거나 전재하는 것을 금합니다.